I0035092

LA LÉGITIMITÉ

ET

LE PROGRÈS

Lb 57
1094

LA

LÉGITIMITÉ

ET

LE PROGRÈS

PAR UN ÉCONOMISTE

> L'homme sera d'autant plus digne de la liberté qu'il
> sera plus religieux et plus moral; il aura d'autant
> moins besoin d'un frein extérieur qu'il en trouvera un
> plus puissant dans sa propre conscience.
>
> (BALMÈS, t. III, p. 309.)
>
> La légitimité seule peut regarder la liberté en face.
>
> (DE CHATEAUBRIAND.)

———

DEUXIÈME ÉDITION

revue par l'auteur et précédée d'une lettre de M. Guizot

POITIERS

H. OUDIN, LIBRAIRE-ÉDIT.

rue de l'Éperon, 4

PARIS

V. PALMÉ, LIB.-ÉDIT.

r. de Grenelle-S.-Germain, 25

JUIN 1871

M. Guizot a bien voulu écrire à l'auteur la lettre
suivante :

Val Richer, 16 mai 1871.

Je vous remercie, Monsieur, d'avoir bien voulu
m'envoyer votre essai sur *La Légitimité et le Progrès.*
Je l'ai lu avec un vif et sérieux intérêt. J'aurais bien
quelques observations à vous faire sur quelques-
unes de vos idées ; mais le caractère général, la
tendance générale de votre ouvrage m'inspirent une
estime pleine de sympathie. Je voudrais bien que
tout le public vous lût et vous comprît, et que tous
vos amis parlassent toujours à la France le langage
qu'elle peut comprendre et accepter sans se désavouer
et s'abdiquer elle-même : ce à quoi elle ne consentira
pas. Au fond, la France ancienne et la France nouvelle ont aujourd'hui les mêmes intérêts et forment
les mêmes vœux : elles ont besoin, l'une et l'autre, et
de l'autorité et de la liberté ; mais elles parlent et se
parlent encore l'une à l'autre selon leurs préjugés et
leurs routines d'ancien régime ou de révolution, ce
qui les empêche de se comprendre et de s'unir. Combien faudra-t-il encore d'années et d'épreuves pour
que nous sortions les uns et les autres de notre

ornière et que nous nous rencontrions dans une voie nouvelle et acceptable de tous? Dieu le sait. En attendant qu'il nous le révèle, je souhaite, Monsieur, que vos vues obtiennent le succès qu'elles méritent, et je vous offre, avec mes sincères remerciements, l'assurance de ma considération la plus distinguée.

Guizot.

———

M. Guizot dit quelque part, en parlant de notre temps :

« Les épreuves ont amené les chutes ; les tenta-
« tions ont fait éclater les faiblesses ; la profondeur
« des revers a donné la mesure de la gravité des
« périls. Depuis bientôt un siècle, trois générations,
« les partis et les individus, ont été en proie à des
« variations, à des corruptions, à des troubles
« inouïs dans leur pensée et leur conduite. Les
« déceptions ont égalé les prétentions, les déser-
« tions ont surpassé les témérités. Jamais plus grand
« spectacle n'a été mêlé de plus funestes et tristes
« scènes. Cependant, au milieu de ces vicissitudes
« contradictoires, sous cette fermentation obscure
« et impure, il y a toujours eu en France, depuis
« la fin du XVIIIᵉ et dans tout le cours du XIXᵉ siè-
« cle, un vrai et constant sentiment public, un dé-
« sir et un effort intime vers un but permanent et

« légitime. Sous tous les régimes et en dehors de
« tous les partis, il y a un parti du bon sens et du
« sens moral : un parti des honnêtes gens et des es-
« prits modérés voulant le respect de tous les droits
« divers et le développement à la fois libre et régu-
« lier de toutes les forces saines de l'humanité,
« parti sans cesse froissé, trompé, égaré, vaincu et
« battu en apparence, mais toujours subsistant et
« renaissant malgré ses fautes et ses revers, ses
« mécomptes et ses découragements ; timide et in-
« quiet, mais vrai et persévérant représentant du
« vœu national et de la bonne cause au milieu des
« problèmes et des orages de la civilisation euro-
« péenne. »

C'est à ce grand parti du bon sens et du sens
moral que sont adressées ces lignes : les destinées
de la France sont aujourd'hui entre ses mains ; c'est
à lui de la sauver.

Jamais à aucune autre époque de l'histoire du
monde, les grands problèmes que soulèvent les
questions religieuses et sociales ne se sont posés à
l'individu et à la société en des termes plus absolus,
avec une gravité plus impérieuse, avec des conséquences plus importantes et plus immédiates. C'est
que l'intelligence du genre humain a mûri dans la
lutte successive des âges qui nous ont précédés ; une
question posée par un siècle a été poussée par une
autre jusqu'à ses conséquences extrêmes ; tout est
élucidé maintenant pour le penseur ; il ne reste de
malentendus que ceux que l'on entretient de mau-

vaise foi, et d'obscurités que pour ceux qui repoussent la lumière.

Il semble, en effet, que l'un des signes les plus caractéristiques du temps où nous vivons soit son besoin de conclure, d'étudier à fond et de bonne foi une question philosophique ou sociale pour arriver à une opinon sérieuse, à une solution vraie, à une conclusion définitive, et c'est là surtout que se manifeste l'esprit si sûr et si pratique, malgré sa vivacité, du peuple français. Or, toutes les questions ont été agitées dans la période révolutionnaire que nous traversons, bien des confusions ont été entretenues à dessein dans les choses et dans les mots ; mais la lumière se fait tous les jours : on étudie de bonne foi l'histoire et les institutions du passé ; on admire les libertés locales dont jouissaient nos aïeux ; on comprend mieux la sage indépendance et la haute influence de nos États généraux, la majesté, la grandeur d'âme, le patriotisme éclairé et persévérant de nos souverains. Les haines s'apaisent, les expériences et les expédients fatiguent à la longue, les questions s'élucident peu à peu, et déjà tout semble indiquer que la solution définitive de notre longue révolution tournera au profit de l'équité, de la justice et de la vérité.

La révolution religieuse du XVIᵉ siècle a arboré un faux drapeau de liberté et s'est accomplie par la violence. Princes ambitieux et réformateurs corrompus s'étaient donné la main pour tyranniser les âmes au nom de l'indépendance humaine, et pour assouvir leurs appétits grossiers sous prétexte de purifier la doctrine évangélique. Au fond, les princes qui protégèrent les débuts de la réforme n'avaient d'autre but que de s'attribuer sur leurs sujets l'autorité spirituelle en même temps que l'autorité temporelle et de créer ainsi le despotisme le plus odieux sous prétexte de liberté.

La révolution politique commencée en France il y a quatre-vingts ans est partie d'une confusion analogue ; elle se vante des principes de 89, mais ils lui sont antérieurs, et il y a longtemps qu'ils seraient devenus, sans elle, la base véritable et sincère de notre droit public. Les révolutions, en général, sont la punition des peuples rebelles, qui n'y gagnent que le despotisme ; mais celle dont nous parlons a un caractère spécial : elle est née du scepticisme et de l'incrédulité ; elle forme donc un obstacle au développement de la loi moderne, fondée sur les révélations du Christ, car la liberté a été incontestablement apportée au monde par la civilisation chrétienne, qui a substitué le respect volontaire du droit à la compression arbitraire de la force. Il y a dix-huit siècles que le christianisme lutte pour la liberté et c'est encore dans l'intérêt de la véritable liberté qu'il combat de nos jours. (Voir note I.)

Mais il ne s'agit plus de révolution religieuse, ni de révolution politique, et notre pauvre France est aujourd'hui forcée de réprimer la plus terrible révolution sociale dont l'histoire fasse mention.

La lutte éternelle entre le bien et le mal prend aujourd'hui des proportions telles que la logique dans l'erreur force les ennemis les plus violents de la société à dévoiler tous leurs rêves. Ils attaquent ouvertement par leurs doctrines et par leurs actes toutes les convictions honnêtes, tous les intérêts légitimes, tous les droits établis, toutes les bases de la morale sociale et individuelle. C'est le même philosophe, et il était logique, qui a dit : *Dieu c'est le mal* » et « *la propriété c'est le vol* » ; ceux qui à Paris ferment les églises et pillent les propriétés privées ne le sont pas moins que lui.

Cette marche rétrograde marque en traits sanglants ses progrès dans notre histoire : aux guerres de religion succèdent la Fronde et la grande Révolution ; aux émeutes victorieuses de février 1848 et de septembre 1870 succède la guerre sociale de 1871.

Au-dessous de la Commune, par exemple, il n'y a plus que le néant, et il faut que la France périsse à tout jamais, ou se relève en reconnaissant son erreur et en cherchant ailleurs la véritable voie du progrès.

Pour nous ce sont là les dernières convulsions de la civilisation païenne vaincue par la loi nouvelle. La société actuelle est en voie de transition ; elle passe d'un monde christiano-païen à un monde tout à fait chrétien. Le divin Rédempteur, en venant apporter au monde le régime de la justice , a voulu qu'elle fût d'abord pré-

chée à l'individu et reconnue devant le tribunal de
la conscience privée (autant du moins que les infirmités de la nature humaine et la lutte éternelle du
bien et du mal le permettent); mais cela ne suffit
pas : il faut maintenant que, sous la pression de
l'opinion publique ainsi épurée, notre état social
reçoive le couronnement de la transformation progressive due à l'influence du christianisme. Les
études sérieuses et de plus en plus répandues dont
les lois économiques et sociales sont l'objet depuis
près d'un siècle auront pour résultat, malgré les
mauvaises passions des uns et les folles utopies des
autres, d'amener peu à peu dans les rapports économiques et dans le jeu des institutions sociales le
règne des grands principes de justice, de liberté et
d'amour apportés au monde par le Christ.

La question sociale et la question religieuse sont
donc solidaires : beaucoup d'esprits d'élite le comprennent de nos jours, et M. Guizot n'est pas le
seul protestant qui ait pris en main la cause de la
papauté attaquée par la Révolution (voir note II);
mais il est un fait plus caractéristique : on raconte
qu'un juif, refusé par le comité de recrutement
hollandais à cause de sa religion, est allé à Rome
demander au Pape son incorporation dans les
zouaves pontificaux : « Je suis israélite, a-t-il dit à
« Pie IX ; mais ce n'est pas seulement la cause de
« la foi catholique qui est engagée à Rome, c'est
« aussi celle de l'honneur et de la conservation du
« monde entier et de ses intérêts qui va y être dé-

« cidée, et je demande à la défendre. » La question ainsi posée devant le bon sens des nations, nous avons la plus grande confiance dans la solution définitive qui lui est réservée.

Au milieu de ces terribles épreuves que traverse la patrie et dont nul encore ne peut prévoir le terme, il semble que la nation entière éprouve un besoin de régénération, de réhabilitation, on pourrait presque dire de purification : les excès mêmes de la démagogie ouvrent les yeux aux plus indifférents, et ce sentiment de l'opinion publique s'affirme tous les jours.

Il y a là certainement une porte de salut, une lueur d'espérance; que faut-il pour la voir se réaliser?

Il suffit que partout ce grand parti du bon sens et du sens moral, que le R. P. Gratry appelle *l'âme de la France,* prenne hardiment la direction de ce mouvement seul capable de relever noblement, à ses propres yeux et à ceux de l'Europe, notre pauvre patrie humiliée, et qu'il cherche loyalement, pour lui et pour les autres, le règne de la justice par le rétablissement de l'ordre divin dans le monde religieux, dans le monde social et dans le monde politique.

Ce n'est qu'ainsi que ce noble sentiment de régénération peut trouver son entière satisfaction et, par une juste récompense de Dieu, c'est aussi là que la France rencontrera la véritable et la sincère application des grands principes de 1789.

Nous espérons, en effet, démontrer clairement dans cet écrit que c'est par cette voie, et par cette voie seulement, que nous pouvons conquérir définitivement ce beau règne de la justice, de la paix sociale et de la liberté que la Révolution nous promet depuis quatre vingts ans, qu'elle ne nous a jamais donné et qu'elle ne nous donnera jamais, car aucune des révolutions faites depuis cette époque par les idées et les passions démocratiques n'a pu durer sous une forme libérale. Au fond, toutes visaient au despotisme social, et toutes sont mortes par le despotisme d'un autocrate ou d'un dictateur.

I.

DU PROGRÈS DANS LE PLAN DIVIN.

> Je crois que celui qui a arrangé le
> monde matériel n'a pas voulu rester
> étranger aux arrangements du monde
> social.
>
> (Frédéric Bastiat, *Harmonies
> économiques*, p. 19.)

La constitution et la puissance de ce grand parti de l'ordre, de l'équité et du bon sens, doit naître, à nos yeux, de l'union forcée des hommes qui, dans toutes les classes sociales, dans tous les partis politiques, dans toutes les branches de l'activité humaine, cherchent avec bonne foi le règne de la justice, du droit et du vrai.

Les erreurs, qui sont toutes opposées à la vérité, peuvent être contradictoires entre elles ; mais toutes les vérités particulières sont sœurs, et leur union intime et complète constitue l'harmonie absolue du vrai dans le sein de Dieu.

Les sciences sociales, dont l'étude a fait tant de progrès dans ces derniers temps, marchent rapidement vers la constatation de cette harmonie générale si bien démontrée, dans leur domaine spécial, par Frédéric Bastiat. D'illustres penseurs ont déjà signalé la solidarité qui existe entre les fondements économiques du progrès social et les lois évangéliques de la morale individuelle. Pour nous, persuadés que la politique proprement dite a aussi ses conditions de progrès et ses lois morales, qui ne peuvent être opposées aux premières, nous sommes sincèrement convaincus qu'il existe une véritable solidarité entre les principes du vrai et du juste dans le domaine social, dans le domaine religieux et dans le domaine politique.

Ce travail n'a d'autre but que de faire partager cette conviction à nos lecteurs.

Que l'on nous permette tout d'abord, malgré l'aridité du sujet, d'examiner la question au point de vue de l'économie politique pure : c'est à cette science, en effet, qu'il convient de demander *a priori* quelles sont les véritables conditions du progrès social, afin d'examiner, ensuite, si le retour vers les idées religieuses et la restauration de la légitimité constituent un programme en harmonie ou en contradiction avec les aspirations légitimes de l'avenir.

N.-S. Jésus-Christ est venu au monde non-seulement pour sauver l'individu, mais aussi et en même temps pour réformer la société, qui était fondée sur l'exploitation, à tous les degrés, de l'homme par l'homme, c'est-à-dire sur l'esclavage, sur l'égoïsme, sur l'abus de la force, et à laquelle il a donné pour base nouvelle la charité, l'abnégation et la justice.

Lorsque la loi chrétienne fut apportée sur la terre, l'extrême Orient était inconnu au monde civilisé ; les steppes du nord étaient habités par des peuples nomades, vivant, sans efforts et sans souci du lendemain, des produits de leurs chasses et des fruits de leurs troupeaux, prêts à se ruer sur les provinces du midi dès qu'ils se sentiraient trop à l'étroit dans leurs déserts. L'Europe entière avait été conquise par les Césars ; la civilisation romaine résumait donc l'état du monde à ce moment. Voyons ce qu'elle faisait et ce qu'elle pouvait faire pour le progrès au point de vue économique.

Le travail y était considéré comme humiliant, et laissé aux esclaves. Les riches Romains possédaient tout autour de leurs fastueuses habitations de petites loges dans lesquelles leurs esclaves exerçaient toutes les professions au profit du maître, seul propriétaire de l'esclave et de tout ce qu'il pouvait gagner ; leur nombre en faisait de vrais troupeaux consacrés à assurer le bien-être et les jouissances d'un petit nombre d'hommes, et leur situation civile les assimilait à des bêtes bien plus qu'à des citoyens ; ils ne pouvaient pas contracter de mariages légitimes, ni par suite créer de familles, et les jurisconsultes examinèrent la question de savoir si l'enfant né d'une mère esclave devait appartenir à l'usufruitier ou au nu-propriétaire de la mère. Pollion, pour engraisser les murènes de ses viviers, y faisait jeter des esclaves vivants, et Caton, le sage Caton, ordonnait d'assommer ceux que l'âge ou les infirmités rendaient impropres aux services qu'il en exigeait. On conduisait enchaînés à Rome des danseurs lydiens et des lutteurs gaulois pour les jeux, de la même manière que les lions d'Afrique et les éléphants d'Asie, et l'on vendait sur les places publiques, à titre d'objet de luxe, les brodeuses syriennes et les esclaves grecques comme les cavales de Numidie.

Non-seulement tous les emplois du commerce, tous les labeurs de l'agriculture, tous les travaux de l'industrie, mais les occupations à nos yeux les plus honorables étaient abandonnées avec dédain aux seuls esclaves ; les riches Romains achetaient un philosophe athénien pour enseigner à leurs enfants les belles-lettres et l'éloquence, un peintre ou un sculpteur grec pour orner leurs palais, un prêtre juif ou tyrien pour leur servir d'intendant ou de secrétaire ; ceux d'Égypte étaient estimés comme médecins, et des esclaves africaines préparaient leurs remèdes et trop souvent leurs poisons.

L'esclavage ne s'appliquait pas seulement à l'individu, mais aux nations elles-mêmes. L'univers entier fournissait aux jouissances de Rome, païenne ; elle recevait, non à titre d'échange, comme de nos jours, mais à titre de tribut, les tapis de pourpre de Tyr, l'ivoire de l'Asie, les vins de la Grèce, le nard d'Assyrie, le blé d'Égypte, les bronzes d'Égine, les perles de la Bretagne, les draps d'or de Phrygie, les soieries de Perse, les laines de Milet et les broderies de Babylone. Encore ces tributs, toujours augmentés, n'empêchaient-ils pas les provinces soumises d'être livrées chez elles au despotisme de proconsuls tout-puissants, aux exactions de prêteurs avides et aux pillages fréquents des légions romaines ou des vétérans auxquels on partageait les terres des vaincus.

Ce serait peut-être sortir de notre sujet et entreprendre un tableau trop repoussant que de vouloir peindre les mœurs publiques et privées engendrées par un pareil régime. Toutes les passions humaines avaient un libre cours, tous les vices avaient des dieux protecteurs. Jusque-là, toutes les civilisations qui s'étaient succédé avaient eu pour point de départ et pour but l'exploitation plus ou moins perfectionnée de l'homme par l'homme. Toutes étaient mortes corrompues, et les corruptions de l'Égypte et de la Grèce, de Sidon, de Babylone et de Carthage, s'étaient fondues et réunies dans le grand égout collecteur de la civilisation romaine.

Quelle surprise ne dut pas causer, dans un pareil monde, l'apparition d'une doctrine nouvelle fondée par un homme que ses adeptes disaient être un Dieu, et qui, né d'un charpentier, dans une province éloignée de l'empire, avait lui-même manié jusqu'à trente ans la scie et le rabot !

Que d'absurdes folies ! que de rêveries inouïes jusque-là, qui sont de nos jours des vérités éclatantes !

« *O tyran ! tu peux faire ce que tu voudras de mon corps, mais mon âme est libre* », disaient les Cana-

néens mourant dans les tortures, tenaillés et brû-
lés vifs ; et voilà que depuis dix-huit siècles toutes
les générations se sont successivement agitées pour
faire un pas de plus dans cette voie de civilisation et
de progrès qui se mesure par la pratique de mieux
en mieux comprise de la vraie *liberté*.

« *Sous la poitrine de l'esclave, comme sous celle du*
« *préteur, s'agitent des âmes égales, toutes rachetées*
« *par le sang d'un Dieu* », prétendaient de timides
jeunes filles qu'on livrait aux bêtes féroces ; et
voilà que tous les peuples de la terre écrivent, au
fronton de leurs constitutions et de leurs codes,
l'égalité de tous devant la loi, la justice et l'impôt.

« *Nous sommes tous frères* », disaient les premiers
martyrs devant les juges indignés et les bourreaux
ébahis d'une pareille audace ; et aujourd'hui la
presse, la vapeur, le télégraphe prêchent cette
grande *fraternité* à toutes les nations, parce que la
religion chrétienne l'a mise dans le cœur de tous
les individus.

Et, en même temps qu'elle révélait au monde ces
trois grandes vérités, la doctrine nouvelle, distin-
guant sagement entre le travail esclave et le travail
libre, relevait ce dernier du mépris en le présen-
tant comme le rachat d'une faute originelle, comme
la condition d'une réhabilitation promise : faisant
ainsi un devoir pour chaque individu de la lutte
et des efforts qui sont le fondement même et la
condition du bien-être de la race tout entière et du
progrès du genre humain.

Eh bien ! c'était là un véritable programme de rénovation sociale, et c'est à une science toute moderne
que nous devons d'en comprendre l'importance.

Proudhon, qui, au milieu de ses paradoxes, aper-
çoit la vérité plus souvent que l'on ne croit, dit
quelque part, dans sa brochure sur le dimanche :

« Il y a une science des quantités qui force l'as-
« sentiment, exclut l'arbitraire, *repousse toute uto-*
« *pie* ; une science des phénomènes physiques qui
« ne repose que sur l'observation des faits ; il doit
« exister aussi une science de la société absolue,
« rigoureuse, basée sur la nature de l'homme et de
« ses facultés et sur leurs rapports , *science qu'il ne*
« *faut pas inventer, mais découvrir.* »

Cette science, elle existe, et c'est l'économie politique. Trop longtemps, en effet, on a cru qu'il fallait l'*inventer*, et l'on en avait fait une science d'imagination, ayant pour mission de trouver un système
social propre à être substitué tout d'une pièce au
système actuel, pour le plus grand bonheur de l'humanité ; elle est devenue aujourd'hui tout à fait une
science d'observation, et le résultat des études les
plus sérieuses a été de constater la grande loi de
l'harmonie des intérêts , la conformité de la loi
morale et de l'utilité sociale, en un mot, l'admirable unité de la conception divine dans la marche du
progrès.

Aujourd'hui l'économie politique est au socialisme ce que la chimie moderne est à l'alchimie, ce
que l'astronomie est à l'astrologie du moyen âge,

ce que l'histoire est à la fable des Égyptiens et des
Chinois, ce que les vérités catholiques sont à la philosophie des Grecs et à la mythologie des Romains.
Pour elle aussi, la vérité succède à l'erreur, et, par
suite, se manifeste la conformité avec les vérités
religieuses et supérieures révélées à l'humanité et
qui constituent le fondement même de la civilisation
chrétienne.

Le travail libre, si admirablement réhabilité par
le Christ, est aujourd'hui reconnu comme seule et
unique base de la valeur et, par une conséquence forcée, de toute richesse aussi bien en fait qu'en droit.

L'eau à la fontaine n'a pas de valeur, son prix
sur le coteau résulte de la peine prise pour l'y
transporter. Le vent qui souffle sur nos collines ne
coûte rien à personne ; mais quand on parvient à
l'utiliser pour moudre le blé, on paie uniquement,
et l'on doit uniquement payer, la peine prise par le
meunier. Le soleil qui dore et réchauffe nos vallons
ne se fait pas payer, nul ne peut en accaparer les
bienfaits : aussi le laboureur ne nous fait-il payer
que son travail, sa peine, son effort nécessaire pour
recueillir les bienfaits tout à fait gratuits de Dieu.

Il en est de même en toute chose, et l'on trouve
partout, à côté de la valeur créée par le travail,
un don gratuit du Créateur , né des forces, des produits spontanés ou des combinaisons naturelles de
la matière, et tout à fait indépendant du travail,
de l'effort faits par l'homme pour approprier aux
circonstances particulières de son existence, de ses

goûts et de ses besoins, les éléments de jouissance
qu'il rencontre autour de lui.

Et à mesure que chacun parvient à conquérir sur
la nature les éléments de bien-être et de jouissance
que Dieu y a mis à la portée de l'homme, il cède
le résultat de son effort et de son travail à un autre
en échange d'un effort ou d'un travail égal : la valeur comparative des deux produits obtenus se dé-
battant librement, volontairement, par le jeu naturel
de l'offre et de la demande, sans qu'il soit question
du don de Dieu reçu et cédé gratuitement.

Ainsi chacun, en s'efforçant par son travail de
créer la *valeur* dont il a besoin pour faire des échan-
ges, conquiert un bienfait, un avantage et un don
de Dieu qui, livré par lui, pour rien, à tous ses
frères, devient une conquête faite sur la nature au
bénéfice de toute la communauté : de telle sorte
que nul ne peut travailler pour lui-même, qu'il ne
travaille en même temps pour tous ses frères, sans
le vouloir et le plus souvent sans le savoir.

Mais cet état économique, déjà si admirable par
lui-même, n'est pas stationnaire.

L'homme, stimulé par une sage prévoyance, tend
à mettre en réserve les produits de son travail passé
pour faciliter ses efforts futurs : c'est ainsi qu'il
s'est procuré tout d'abord, comme Robinson dans
son île, des provisions, des matériaux, des outils;
plus tard, il a perfectionné ses outils sous le nom
de machines, en s'efforçant de rejeter toujours sur
les forces naturelles, et par conséquent gratuites, la

2

partie la plus lourde et la plus pénible du travail jusque-là nécessaire pour un résultat et une production donnés. En un mot, chaque génération tend nécessairement à augmenter son capital qui, s'associant sous toutes les formes au travail actuel qu'il facilite et féconde, augmente *la force productive* de chaque homme, de chaque peuple, du genre humain tout entier; chaque génération parvient ainsi à obtenir, avec les mêmes'efforts, une somme de jouissances et de bien-être qui va toujours en augmentant.

M. Michel Chevalier, l'une des premières autorités de notre temps en économie politique, explique fort bien cette marche du progrès social dans l'introduction très–remarquable qui précède les rapports du jury international de l'Exposition universelle (1). La science nouvelle y voit l'application d'une double loi, qui peut se formuler ainsi : *propriété légitime de la valeur qui tend à décroître; communauté progressive des dons de Dieu conquis par le même travail et qui tendent chaque jour à augmenter.*

Il semble que l'homme chassé du paradis terrestre au commencement du monde le reconquiert, depuis la rédemption du Christ, morceau par morceau, et que le terme assigné à nos efforts soit un nouveau jardin de délices s'étendant à tout le globe, et au sein duquel la race humaine tout en-

_____

(1) Paris, Paul Dupont, 1868, p. 20 et suivantes.

tière reviendra à son unité originelle, *unus pastor et unum ovile*.

Voilà, d'après la science économique la plus orthodoxe, quelle est la marche de ce progrès matériel que le R. P. Félix reconnaît *utile et même nécessaire* à la plénitude de la vie sociale, au même titre qu'un état normal de force et de bien-être physique est utile ; chez l'individu, pour l'exercice de ses facultés intellectuelles et morales. (1856, 4e conférence, p. 178.) La solidarité est réciproque, et les économistes savent bien que les vertus privées inspirées par la loi nouvelle de justice et de charité que le monde doit au Fils de Dieu sont, *toutes*, des conditions essentielles de prospérité , et que les passions qu'elle réprouve sont des causes de ruine privée et publique. C'est à cette double vérité qu'il faut attribuer l'influence du christianisme sur la civilisation, si bien exposée par M. Guizot, au point de vue politique , et par M. Auguste Conti , au point de vue philosophique. (Voir note III.)

Il suit de là que le jeu harmonique des activités humaines, si bien analysé par la science sociale, ne peut se développer dans sa perfection qu'à la condition de respecter le plan divin et la loi divine, comme si Dieu ne consentait à livrer de plus en plus les puissances de la nature à notre domination que tout autant que nous reconnaîtrons la sienne.

Il est vrai que cette marche harmonique de la société n'a pas lieu sans trouver des obstacles ; la vie de l'homme est une vie de lutte et de combats, et les entraves au bien se rencontrent partout. Mais l'accident n'est pas la loi. Ce fut l'erreur d'esprits chagrins de ne voir et de ne généraliser que ce côté des choses, et c'est par là que se tiennent ceux que l'on a appelés les socialistes ou réformateurs modernes : chacun offrant au genre humain un système nouveau, une combinaison ignorée d'attraction, d'harmonie, de partage social, de série progressive, etc.... On se souvient des troubles de 1848 et des prédications qui les avaient provoqués.

S'il n'y avait eu que des jugements de police correctionnelle et des répressions sanglantes pour nous sauver de ce que l'on a appelé *la sociale*, la lutte ne serait pas près de sa fin. Comme le dit Proudhon, *les idées ne se combattent que par des idées ;* sur ce terrain, les véritables champions de l'ordre étaient les économistes ; ils ne faillirent point à leur devoir. La science nouvelle s'épura dans ces luttes, les vrais principes s'affirmèrent plus clairement, toutes les questions de détail furent élucidées, et la théorie consolante de l'harmonie sociale naturelle sortit victorieuse de la lutte. En même temps que l'on reconnaissait la conformité que nous avons signalée entre la science nouvelle et les vérités religieuses, on constatait, d'un autre côté, qu'elle donnait la main aux plus saines aspirations vers la liberté vraie, sage et féconde, tandis que l'erreur économique et l'esprit de révolution ne pouvaient nous conduire qu'au despotisme.

Si l'harmonie, en effet, n'est pas naturelle ; si elle

doit être imposée au genre humain par l'État, il faut demander au nouveau pacte social de régler jusque dans les moindres détails les rapports économiques de tous les hommes entre eux : il est logique alors que la loi intervienne pour diriger tous nos mouvements, que toute expansion d'activité soit comprimée par une mesure préventive; que l'individu, en un mot, ne puisse rien faire, et que l'État soit tout, veille à tout, dirige tout et étouffe tout dans les serres d'une bureaucratie puissante.

L'harmonie naturelle, au contraire, une fois reconnue comme une vérité d'expérience et d'observation, c'est la libre expansion de l'initiative individuelle, c'est la liberté, sous la sanction morale de la responsabilité de chacun et de la solidarité, c'est une large et féconde décentralisation administrative, c'est la justice, c'est l'égalité substituée à l'arbitraire et aux priviléges organisés, c'est l'activité, le réveil de la société qui reprend alors son équilibre naturel et sa vie normale et calme.

Voilà pourquoi les économistes se joignent aux hommes politiques les plus considérables pour protester contre l'abus des règlements de toute sorte.

Montesquieu, qui n'était pourtant pas fort en économie politique, avait déjà remarqué (*Esprit des lois*, livre XVIII, ch. III) que les pays sont cultivés en raison non de leur fertilité, mais de leur liberté; et M. Michel Chevalier, dans la remarquable introduction que nous avons déjà citée, proteste (p. 270), au

nom de la liberté du travail, contre l'abus de la ré-
glementation.

C'est qu'en effet, arrivée à un certain point de
progrès social, l'activité humaine sent partout le
besoin de se développer librement et répudie la
lourde tutelle administrative qui l'entrave et qui la
gêne.

La liberté seule permet l'arrangement régulier et
juste des intérêts privés qui se font mutuellement
échec et s'harmonisent : la science économique a
pour objet la recherche des lois de cette harmonie,
et son but est d'en éloigner le trouble causé par les
volontés illégitimes ; la loi morale et la loi économique ont donc le même but, et la libre concurrence
produit dans la société le même arrangement des
intérêts que la morale respectée par tous et par
chacun.

Et, comme pour répondre à ce besoin économique, nous voyons, dans le domaine politique proprement dit, se réveiller partout un heureux esprit
d'indépendance locale ; la nation semble, enfin, vouloir faire ses affaires elle-même, au lieu de les confier à un fonctionnarisme exclusif et despotique
qui l'étouffe en temps normal et ne lui laisse aucun
ressort en temps de crise ou de révolution.

Eh bien ! le seul gouvernement qui puisse favoriser ce réveil général de la nation sera un gouvernement qui n'aura plus besoin de faire de la compression, parce qu'il trouvera en lui-même, dans sa
valeur morale, dans la force des principes, dans la

légitimité du droit, un élément suffisant de puissance et d'autorité ; un gouvernement qui se sentira assuré d'être respecté par la nation, parce que lui-même sera résolu à respecter les droits de la nation ; un gouvernement qui, tout en renouant la chaîne de nos traditions nationales, acceptera le mouvement et la vie d'un sage progrès. Ce serait folie d'espérer un semblable résultat de tout gouvernement né de circonstances, de combinaisons et d'intrigues, soit d'un prince illégitime, soit d'une république impopulaire. Un expédient imposé par les hommes ne se soutiendra jamais que par la ruse, la fourberie, la violence et le despotisme organisés.

C'est ainsi que cette science toute moderne, toute française, conduit logiquement au rétablissement du droit et de la justice dans le monde économique, dans le monde moral et dans le monde politique. Un homme considérable dans la science, secrétaire perpétuel de la *Société d'économie politique*, rédacteur du *Journal des économistes*, M. Joseph Garnier, comprend comme nous cette trilogie et définit ainsi la science nouvelle : — « Les hommes sont égaux de-« vant Dieu, le christianisme l'a révélé ; ils sont « égaux devant la loi, une grande révolution a posé « ce principe ; ils doivent être égaux en droit dans « le domaine du travail : *l'économie politique recher-« che les fondements de cette vérité et les moyens d'en « faire l'application.* »

En résumé, les deux bases les plus sûres du pro-

grès sont le respect de la véritable autorité morale,
au point de vue privé et au point de vue social, et
de la véritable autorité traditionnelle, au point de
vue politique : voilà comment nous sommes con-
duits à étudier les fondements mêmes de l'autorité
au point de vue privé et au point de vue public.

———————

II.

DU DEVOIR ET DU PRINCIPE D'AUTORITÉ AU POINT DE VUE RELIGIEUX OU INDIVIDUEL ET AU POINT DE VUE POLITIQUE OU SOCIAL.

> La loi n'est proprement loi et ne possède une véritable sanction qu'en la supposant émanée d'une volonté supérieure.
>
> (TERTULLIEN, cité par J. DE MAISTRE.)
>
> La Révolution française a commencé par la reconnaissance des droits de l'homme; elle ne finira que par la reconnaissance des droits de Dieu.
>
> (DE BONALD.)

Nous ne pouvons résister au désir de commencer ce chapitre en citant tout simplement et tout au long les premières phrases d'un pamphlet qui a quelque peu circulé en France, malgré la police impériale, et qui, émané d'un camp qui n'est pas le nôtre, n'en aura que plus d'autorité pour nos lecteurs. — Il s'agit d'un petit livre ayant pour titre : *Le Deux décembre et la morale*, par M. Rogeard, et qui débute ainsi :

« S'il est une vérité admise aujourd'hui par tout
« philosophe digne de ce nom, c'est que la politique

« est inséparable de la morale ; et s'il est un fait
« dans l'histoire qui soit une démonstration écla-
« tante de cette vérité, c'est l'usurpation militaire
« du 2 décembre, qui n'est pas même un crime
« d'État, mais un crime de droit commun.

« Une bonne définition de la politique et de la
« morale suffirait pour éclairer ces questions encore
« obscures pour le grand nombre. La morale (pro-
« prement dite) est la science des justes rapports des
« hommes entre eux dans la vie individuelle et pri-
« vée, et la politique est la science des justes rap-
« ports des hommes entre eux dans la vie collective
« et publique. La politique est une morale sociale,
« comme la morale est une politique privée, toutes
« les deux démontrables, toutes les deux insépara-
« bles, toutes les deux ayant même objet, même
« but, même moyen, même critérium, étant, pour
« ainsi dire, philosophiquement identiques : leur
« objet à toutes les deux est la nature humaine,
« leur but le bonheur des hommes, leur moyen la
« justice, leur critérium celui de toutes les autres
« sciences, la conformité avec la nature des choses
« prouvée par l'expérience et la raison (1)... Elles
« définissent toutes les deux les droits et les devoirs,
« l'une dans une sphère plus étroite, l'autre dans
« une sphère plus étendue ; elles régissent sous dif-
« férentes formes les différentes applications *d'une*
« *seule et même loi,* et ne diffèrent que comme deux

(1) Il vaudrait mieux dire tout simplement la conscience.

« messagers qui vont porter en différents lieux le
« même ordre. Elles collaborent à une œuvre com-
« mune : l'amélioration de la société et de l'espèce
« humaine, par les mêmes moyens, qui sont la vé-
« rité, la vertu, le développement harmonique des
« facultés, la satisfaction normale des besoins et la
« convergence des intérêts, et, pour dire plus que
« tout cela en un seul mot, par la découverte et
« l'application *des lois de la nature humaine*... Je
« conclus que ce qui est faux en morale est faux en
« politique, et réciproquement. Toutes les fois que
« vous verrez une politique qui se brouillera avec la
« morale, méfiez-vous !! La politique n'est qu'une
« morale générale ; elle ne peut blesser la morale
« sans se blesser elle-même , la violer sans se dé-
« truire. Une politique en opposition avec la mo-
« rale cesse d'être politique et devient *brigandage ;*
« la politique et la morale ne sont que deux parties
« indissolubles d'une seule et même science : dua-
« lité apparente, unité réelle, ces deux sciences n'en
« forment qu'une : la science des droits et des de-
« voirs. » (*Le Deux décembre et la morale*, p. 1, 2 et 3.)

Lorsque l'on rencontre des idées aussi justes et
aussi chrétiennes dans le camp des révolutionnaires, on ne peut que regretter de voir M. Louis
Veuillot, défenseur si violent des opinions religieuses, prêcher à ses lecteurs, depuis trente ans,
l'indifférentisme en matière politique.

Pour nous, c'est M. Rogeard qui a raison, et il a
trouvé le véritable terrain sur lequel tous les partis

politiques viendront un jour se rallier en France.
Oui, la morale politique, la morale sociale et la
morale privée ont la même origine , la même sanction divine et la même influence sur le bonheur de
l'humanité ; application d'une seule et même loi ,
elles sont nécessairement solidaires, et nous sommes
convaincus que, dans les vues de Dieu, les brigandages auxquels nous assistons de tous côtés auront
précisément pour résultat final de faire bien comprendre à tous les partis et à tous les peuples que
la morale politique ne peut exister à la base quand
elle est violée au sommet, que les souverains illégitimes seront toujours despotiques, et qu'un pouvoir conforme à la justice dans son origine , dans
son principe, dans son essence, peut seul être en
même temps juste, moral, modéré, bienfaisant dans
sa conduite et dans tous ses rouages. Mais cette
science des droits et des devoirs, quelle en est la
règle, la base, la sanction, le fondement philosophique ? La question mérite un examen sérieux.

Car enfin une *science* des droits et des devoirs ne
suffit ni aux peuples ni aux rois, ni à la morale
privée ni à la morale publique : la nature humaine
est toujours la même ; on n'a pas oublié l'aveu modeste du poëte : *Video meliora , proboque , deteriora
sequor.* Il faut, outre la science qui nous fait *connaître* la justice, une loi qui nous oblige à la *prati-
quer ;* or, comme la raison humaine, fût-elle en état
de nous donner cette science, ne pourrait jamais
nous *cbliger* à y conformer notre conduite au prix du

plus léger sacrifice, il faut en arriver à la croyance
en Dieu.

Comme le dit si bien Tertullien, cité par J. de
Maistre au début de son travail sur le principe des
institutions politiques : « La loi n'est proprement
« loi et ne possède une véritable sanction qu'en la
« supposant émanée d'une volonté supérieure.... »
Tous les peuples et tous les philosophes ont reconnu
ce principe ; nous ferions un volume des citations
que nous pourrions accumuler pour le prouver. —
Ce serait Plutarque : « On bâtirait plutôt, dit-il,
« une ville dans les airs que de constituer un Etat
« en ôtant la croyance des dieux... » ; — ce serait
Cicéron cherchant la source du droit « dans cette
« loi véritable et principe de toutes les autres, pou-
« vant commander et défendre, et qui, dit-il, n'est
« autre chose que la raison parfaite du tout-puissant
« Jupiter, *ratio recta summi Jovis* » ; — ce serait Montesquieu déclarant que ce ne fut ni la crainte ni la
piété qui établit « la religion chez les Romains,
« mais la nécessité où sont toutes les sociétés d'en
« avoir une » ; — ce serait enfin la conscience universelle du genre humain qui, dans tous les pays,
dans tous les temps, à tous les degrés de la civilisation, a toujours eu, sous des formes plus ou
moins corrompues, une croyance en une puissance
supérieure, vengeresse et rémunératrice, dictant
des lois aux humains et les citant, tout au moins,
devant le tribunal de la conscience privée. Or, ce
cri de la conscience que l'ignorant entend comme

le savant, et le sauvage comme l'homme civilisé, suffit pour prouver cette loi morale violée, et par suite l'existence de l'autorité supérieure qui a seule pu l'imposer à l'âme humaine. Eh bien ! en principe, c'est là la mère de toutes les autorités : *omnis potestas a Deo*, disait saint Paul.

La notion du devoir, et par suite la science des rapports entre les droits et les devoirs chez l'individu comme dans la société, devient impossible si on ne la rattache pas à cette origine supérieure : il y a lutte constante sur la terre, pour chaque homme, entre ses passions et ses devoirs, entre ses désirs et les moyens bornés de les satisfaire, entre ses rêves et la réalité qui l'oppresse, et pour la société entre la liberté de chacun et l'intérêt de tous, entre les droits de l'individu et la sûreté de l'Etat, entre la volonté individuelle et l'autorité collective constituée sous une forme ou sous une autre. Sur quel principe seront réglées ces questions multiples ? quel sera le critérium de ces prétentions diverses ? quelle sera la puissance régulatrice de toutes ces puissances opposées ? *Le droit*, mais le droit remontant à son origine supérieure, absolu dans sa logique, conséquent dans ses applications, entier dans son principe ; ou *la force*, brutale dans son exercice, injuste dans sa base, stérile et précaire dans ses résultats. Il y a l'immensité entre les deux.

« Rousseau prouve fort bien, dit M. de Lamennais « (*Essai sur l'indifférence*, t. I, p. 365), qu'aucun « droit, aucun devoir ne peut résulter de *la force*, et

« qu'ainsi elle diffère essentiellement de *l'autorité*.
« La force, ajoute-t-il, est la puissance de con-
« traindre ; l'autorité, le droit d'ordonner. Du droit
« d'ordonner résulte le devoir d'obéir ; de la puis-
« sance de contraindre résulte la nécessité de céder.
« Il y a l'infini entre ces deux notions ; pour les
« confondre, il faut bouleverser la langue même : il
« faut dire que le vent qui déracine un chêne exerce
« un droit, et que le chêne, en tombant, remplit
« un devoir. »

C'est cette théorie élevée de l'autorité comprise
de la même façon qui a inspiré ce mot si profond :
« Le pouvoir de tout faire n'en donne pas le droit. »

Il faut donc, de toute nécessité, ou admettre avec
les conservateurs, avec la religion, avec l'Église,
que l'autorité vient de Dieu, ou, si l'on repousse le
concept religieux, n'admettre avec la Révolution
d'autre frein aux passions humaines et aux dangers
sociaux que la force toujours précaire d'un pouvoir
vicié dans son principe.

On ne peut pas se révolter contre Dieu sans se
révolter contre tout principe d'autorité humaine et
sociale ; et le mouvement de révolte qui, par une
marche que nous étudierons bientôt, a porté l'homme
à se substituer à Dieu en toute chose, reçoit en ce
monde, quand il s'applique à la société, la punition
qui lui est réservée dans l'autre, quand il s'agit de
l'âme individuelle : parce que les nations, n'ayant
pas une seconde vie, paient en ce monde le tribut
qu'elles doivent à la justice divine, en supportant

dans un avenir immédiat les conséquences du mépris qu'elles ont fait des principes mêmes de leurs constitutions. La civilisation païenne a été condamnée du jour où des rhéteurs pleins d'orgueil ont osé dire que la raison *seule* était la règle et la mesure de toute chose; que les dieux, s'il en existait, ne se mêlaient pas des affaires humaines ; que le bien-être était l'unique loi, la loi suprême de l'homme. C'était la destruction de toute base sérieuse de la notion de droits et de devoirs ; c'était, par conséquence, la destruction des fondements mêmes de toute société humaine. Parce que, encore une fois, les principes de la morale individuelle ou religieuse et ceux de la morale sociale ou politique sont identiquement les mêmes.

Il y a là des corrélations que l'on ne peut pas éviter. Si l'homme est à lui-même son Dieu, s'il ne relève que de sa raison, peut-être bien arrivera-t-il à discerner le bien du mal ; mais rien au monde ne peut contraindre sa volonté libre à opter pour l'un plutôt que pour l'autre : ni au fond de sa conscience, dans le for intérieur, ni, par suite, devant les tribunaux, au nom d'une autorité sociale qui n'existe plus en principe. Pour ceux qui ne veulent pas la faire remonter *théoriquement* à Dieu lui-même, il n'y a pas d'autre base d'autorité possible, ni en morale, au point de vue individuel, ni en politique, au point de vue social. Je sais bien que les forts logiciens de l'Empire ont prétendu trouver cette base de l'autorité dans l'opinion publique en elle-même, sauf à la préparer par la mauvaise foi, et dans le suffrage universel seul, sauf à le frauder audacieusement : c'est-à-dire dans le nombre, dans la collectivité.

Oui, si vous reconnaissiez au-dessus de tout la loi morale dont nous avons parlé ; si vous faisiez appel à la conscience de chaque citoyen ; si chacun, comme un juge qui opine, faisait connaître ce qu'il croit conforme au droit, à la justice, à la loi d'équité qu'il porte dans son cœur : oui, vous auriez raison ; mais ce ne serait là qu'une manifestation de notre principe de l'autorité, ce serait la définition de saint Thomas mise en action : *omnis potestas a Deo* PER POPULUM.

Mais lorsque vous avez soin, d'abord, d'émanciper l'homme de tout frein moral, quand vous récompensez publiquement ceux qui enseignent que le Christ n'est qu'un homme, quand vous commencez par créer une loi athée, une administration sceptique et un peuple corrompu, vous ne faites plus appel qu'à leur intérêt du moment, à leurs passions, à leur fantaisie. Une fois l'homme émancipé par vos théories matérialistes, il est détrôné ; au lieu d'être un reflet de la Divinité, l'organe de Dieu lui-même, ce n'est plus que le petit-fils décrassé d'un gros singe : c'est M. Duruy, grand-maître de l'Université, qui l'enseigne. L'homme alors est à lui-même son propre Dieu, *homo sibi Deus*. Tous sont égaux, c'est vrai, dans cet abaissement ; mais alors il n'y a que des volontés égales entre lesquelles n'existent plus ni droits, ni devoirs, ni autorité, ni obéissance ; nul n'a le droit de contraindre son voisin à faire ou à ne pas faire ; on peut se mettre deux, trois, quatre contre un, quatre-vingt-dix-neuf contre le centième, on l'oblige par la force, mais on ne crée pas le droit que chacun n'avait pas isolément.

Si le peuple a le droit de faire *seul* la loi, ce n'est plus qu'une convention, et ceux qui ont eu la liberté de la faire ont bien le pouvoir de la révoquer. Le juste et l'injuste seraient donc soumis à des questions de temps, de lieu et de personne ? Cela n'est pas possible. Le coup d'Etat du 2 décembre 1852 était, au point de vue du droit privé, un attentat contre la vie des personnes qui y ont été tuées injustement et contre la liberté de celles qui ont été incarcérées sans motifs, et, au point de vue du droit public, un attentat monstrueux contre la constitution que la nation s'était donnée et dont Bonaparte lui-même avait juré le maintien.

Qui oserait soutenir aujourd'hui que le vote des 7,500,000 suffrages, dont on s'est vanté si souvent, en ait fait un acte de vertu ?

Le suffrage universel est et sera toujours le seul mode équitable de manifestation de la volonté nationale, *pourvu que l'on en règle un peu mieux l'application ;* mais la volonté nationale, pas plus que la volonté individuelle, ne peut devenir le critérium suprême de la morale ; elle peut, elle aussi, s'écarter des voies de la justice, et elle fait, elle aussi, preuve de sagesse quand, éclairée par l'expérience, elle rétablit en toute chose ce qui est juste, équitable, légitime.

En un mot, il y.a ailleurs une règle du juste et de l'injuste qui oblige les peuples comme les individus et une base du droit au-dessus des formes de procédure ; celui qui en a la garde, que l'on veuille l'appeler *le bon Dieu* ou *l'Être suprême*, venge ses droits quand on les méprise. Le poëte l'a dit :

> C'est le courroux des rois qui fait armer la terre,
> C'est le courroux du ciel qui fait armer les rois.
>
> (J.-B. ROUSSEAU.)

Finirons-nous par le comprendre sous le coup des malheurs qui fondent sur notre pauvre France ? Quant à M. Louis-Napoléon Bonaparte, auteur des *Fragments historiques*, il ne doit pas être surpris de ce qui est advenu du pouvoir créé par lui à l'aide de semblables moyens : n'a-t-il pas signé ces deux phrases : « L'origine du pouvoir influe sur toute sa « durée, de même qu'un édifice brave les siècles « ou s'écroule en peu de jours, suivant que sa base « est bien ou mal assise.... — Ce n'est pas le hasard « qui règle les destinées des nations, ce n'est pas « un accident imprévu qui renverse les trônes : il « y a une cause générale qui règle les événements « et les fait dépendre logiquement les uns des « autres. »

Il ne pouvait pas prononcer plus clairement sa propre condamnation.

Ah ! depuis quatre-vingts ans on ne parle que des droits du peuple, et jamais de ses devoirs ; des droits de plus en plus étendus et abusifs du gouvernement, et jamais de ses devoirs ; des droits, de la grandeur, du *prestige* d'un empereur, et jamais de ses devoirs. Eh bien ! voilà comment on en arrive à une décomposition sociale et à un abaissement moral qui ne s'étaient jamais présentés à un égal degré dans l'histoire. Sous prétexte d'émancipation, nous avons rompu avec les traditions séculaires de notre histoire, brisé dans l'organisation sociale l'ordre divin, repoussé de partout l'idée de Dieu, et voilà que tous les vingt ans nos institutions politiques sont emportées par des émeutes successives, nos rues ensanglantées par des combats fratricides, notre influence extérieure amoindrie par les tentatives les plus aventureuses, enfin notre existence même gravement compromise. Le succès seul distingue l'assassin du héros ; le peuple n'a que du mépris pour ceux qui s'emparent ainsi des pouvoirs et des fonctions sociales. La force peut bien un moment conserver l'ordre matériel, mais l'ordre moral est détruit, et la nation n'a plus qu'à choisir entre les convulsions de l'anarchie ou les rigueurs nécessaires de la loi martiale.

« Il est hors de doute, en effet, que le gouvernement seul ne peut gouverner », la remarque est de Joseph de Maistre ; « il a besoin, comme d'un « ministre indispensable, ou de l'esclavage qui diminue le nombre des volontés agissantes dans

« l'État, ou de la force divine qui, par une espèce
« de greffe spirituelle, détruit l'âpreté naturelle de
« ces volontés et les met en état d'agir ensemble
« sans se nuire. En un mot, il faut purifier les vo-
« lontés ou les enchaîner, il n'y a pas de milieu. »
Et M. de Maistre est si convaincu de cette vérité
que, bien persuadé, d'autre part (et de nos jours
Proudhon a exprimé la même pensée), que le catholicisme romain seul représentait dans son expression
complète et, par suite, dans sa puissance civilisatrice,
le concept religieux, il a cru pouvoir formuler, il y a plus d'un demi-siècle, cette prédiction
qui tend à se réaliser de nos jours : « Les princes
« dissidents qui ont la servitude chez eux, la con-
« serveront ou périront ; les autres seront ramenés
« à la servitude ou à l'unité. »

Et voyez, en effet, la puissante Russie ébranlée
dans son despotisme par un souffle de liberté ; voyez
la Prusse protestante, type de despotisme militaire et champion du droit de la force ; voyez,
par contre, le retour si évident vers le catholicisme des Etats-Unis d'Amérique, et, en Europe, de la libre Angleterre (1) et de la libre Hol-

(1) Il y avait dans la Grande-Bretagne :

En 1834.			Et en 1867.		
Églises.......	497		Églises.......	1,143	
Couvents....	»	Total 500.	Couvents....	291	Total... 1,892.
Séminaires .	3		Séminaires .	16	
Écoles.......	»		Écoles.......	442	

Ces chiffres, relevés sur des documents officiels, ont été publiés
par la *Scottisch reformation society*, association protestante qui

lande, il y a cent ans boulevard de l'hérésie (1).

Il faut choisir : ou des mœurs, des croyances, des sentiments religieux chez l'individu avec des constitutions libérales dans l'État, et réciproquement ; ou l'absence de tout frein, la négation de toute autorité morale, l'athéisme théorique chez le citoyen, avec le despotisme gouvernemental d'un seul ou de plusieurs.

Et, qu'on le remarque bien, ce despotisme ne peut même pas être stable, et aux souffrances constantes, normales, si l'on peut employer le mot, qu'il impose déjà au peuple, il faut ajouter le vice plus cruel encore et plus démoralisant de l'incertitude. On l'a dit avec raison, une société sans principes peut rencontrer des jours de calme ; elle ne *saurait se créer une heure de sécurité.*

Toute force, en effet, engendre une réaction : si le pouvoir n'a pour base que le principe de la force, il part d'une victoire, non d'un droit ; il a fait des esclaves attendant une revanche, non des citoyens libres soumis par devoir. Il y a là deux ressorts d'acier exerçant une forte pression l'un contre l'autre, avec cette différence que l'un perd tous les jours un peu de sa puissance primitive à mesure qu'il s'éloigne de son début et, par suite, de sa force

---

s'est donné la mission de combattre par tous les moyens ces progrès du catholicisme.

(1) La Hollande, qui n'a pas quatre millions d'habitants, a fourni plus de zouaves pontificaux que la France entière.

originelle prise uniquement dans les hommes et dans le temps, et que l'autre gagne tous les jours un peu par le mécontentement, l'abus même du despotisme et le besoin de changement. Il faut bien alors que l'un des deux finisse par casser, et tout est remis sur le tapis par une nouvelle révolution. On pourrait presque constater que chaque génération veut faire la sienne par des moyens nouveaux. La Restauration elle-même, en 1815, ne se dégage pas des éléments révolutionnaires ; elle viole dans son système de charte *octroyée* les bases légitimes du pouvoir en France. Il est certain que Louis XVIII céda à l'influence des doctrinaires en s'attribuant un pouvoir constituant en face de traditions nationales quatorze fois séculaires. Que de malheurs évités s'il avait suivi plutôt son propre sentiment et s'était borné à réaliser les promesses ainsi formulées dans sa déclaration de Vérone (5 juillet 1795) : « Je ne puis, je ne « dois régner QUE PAR LA CONSTITUTION. Je ne touche-« rai point à l'arche du Seigneur.... JE VEUX RENDRE A « LA CONSTITUTION DE LA FRANCE TOUTE SA PURETÉ QUE « LES TEMPS AVAIENT CORROMPUE, ET TOUTE SA VIGUEUR « QUE LE TEMPS AVAIT AFFAIBLIE ! » S'il eût fait cela, le calme était rétabli pour toujours en France, et nous n'aurions pas vu, quinze ans après, quelques députés, qui n'avaient pas plus mandat de la nation pour changer l'ordre de succession au trône que Louis XVIII ne l'avait eu pour nous imposer une charte anglaise, improviser un gouvernement de fait qui était la négation de tout droit. Les principaux chefs de ce nouvel ordre de choses, le mot est consacré, mais c'est désordre qu'il faudrait dire, disparaissent peu à peu, et au bout de dix-huit ans la génération qui les pousse les renverse dans la boue. Le véritable esprit de la France se réveille un instant, les conseils généraux, qui remplacent nos anciens États provinciaux, demandent une décentralisation nécessaire ; la province s'organise en force de réaction contre le despotisme permanent de la capitale. Un moment le bon sens public entrevoit le remède à ces maux sans cesse renaissants ; mais une conspiration militaire foule aux pieds serment et constitution, le droit nouveau est violé à peine né, et une camarilla nouvelle exploite la France pour un temps...., car le vice d'instabilité est resté le même, et, sans prévoir les dernières folies de l'Empire et le désastre de Sédan, tout le monde en France s'attendait depuis longtemps à la révolution du 4 septembre. Enfin, tous ces pouvoirs seront à la fois précaires et corrompus, parce que, nés de la négation de tout frein moral, ils en sont eux-mêmes dépourvus. Au risque de paraître un peu long, il nous faut ici citer une page remarquable de M. de Lamennais :

« Le pouvoir n'étant lié par aucune loi obliga-
« toire, libre de tout devoir parce qu'il est dénué
« de tout droit, n'a que sa volonté ou que son intérêt
« pour règles ; et, tout intérêt borné ici-bas n'étant
« qu'un intérêt d'orgueil ou de volupté, le peuple,
« vil instrument de l'ambition ou des plaisirs de son

« maître, se verra réduit à l'alternative ou de nour-
« rir de ses sueurs le luxe d'un prince efféminé, ou
« d'engraisser de son sang la gloire d'un monstre.

« Mais les peuples ont aussi leur volonté, leur
« intérêt, leur orgueil, plus terribles que celui d'au-
« cun tyran. De là une haine secrète contre le pou-
« voir qui les gêne ou les humilie, haine qui s'étend
« du pouvoir à tous les agents du pouvoir, à toutes
« les institutions, à toutes les lois, à toutes les dis-
« tinctions sociales ; et si on leur laisse un moment
« sentir leur force, ils en abuseront pour tout dé-
« truire et courront à l'anarchie en croyant marcher
« à la liberté.

« Ainsi, le principe désastreux que tout pouvoir
« vient du peuple conduit infailliblement les peu-
« ples ou à la privation de gouvernement, ou à un
« gouvernement oppressif. La même doctrine qui
« détrône Dieu détrône les rois , détrône l'homme
« même, en le ravalant au-dessous des brutes ; et
« dès que la raison se charge de gouverner seule le
« monde, l'intérêt particulier , source éternelle de
« haine, devient le seul lien social. De même que
« l'autorité n'est plus que la force, l'obéissance n'est
« plus que la faiblesse , car l'intérêt de l'orgueil
« n'est jamais d'obéir. Le désir inné de domination,
« comprimé par la violence, réagit et pousse inces-
« samment les peuples à la révolte. Le pouvoir errant
« dans la société , les troubles succèdent aux trou-
« bles et les révolutions aux révolutions. » (*Essai sur*
l'indifférence, t. I, p. 374 et 375.)

Ne dirait-on pas que ces considérations, inspirées par la logique philosophique il y a un demi-siècle, ont été écrites tout récemment sous l'impression des derniers événements, tant la suite de l'histoire a justifié cette prévision tirée de la nature même des choses et de la force logique des principes ?

Or, quel progrès est possible avec une instabilité pareille ? quelle prospérité peut-on espérer dans les affaires ? quelle suite dans les inspirations de l'ordre économique ou de l'ordre politique ? quelle confiance dans le crédit public ? quel espoir de voir naître la liberté administrative et toute espèce de liberté ? et quelle épreuve pour la morale privée ? Ne sait-on pas que l'instabilité est partout démoralisante, mais qu'elle le devient surtout là où le pouvoir, étant à la fois précaire et corrompu, invite à profiter du présent et à ne pas compter sur l'avenir ? l'Empire l'a bien prouvé.

Enfin, par une conséquence tout aussi rigoureuse, ces pouvoirs humains, sans droits et, par suite, sans devoirs vis-à-vis de leurs sujets, se sont montrés naturellement les uns envers les autres fidèles à leur seul principe, celui de la force mise partout à la place du droit, et le désordre que nous avons signalé dans la conscience privée et au sein des nations règne aujourd'hui dans le droit des gens et porte la guerre dans ses flancs. Trop souvent la diplomatie à courte vue n'a su ajourner une conflagration générale qu'en posant, comme principe du droit nouveau, le respect du fait accompli, quel qu'il soit, c'est-à-dire la sanction européenne donnée à tous les brigandages sociaux, sous la seule condition de la réussite préalable. On s'est réjoui du résultat immédiat ainsi obtenu, et l'on n'a pas vu le résultat final auquel on nous conduisait logiquement.

Peu à peu le droit a été partout foulé aux pieds en Europe : aussi bien le droit des peuples que celui des rois ; le droit des Hanovriens et des Hessois, comme le droit des Napolitains, des Toscans et des Romagnols, comme aujourd'hui celui des Alsaciens et des Lorrains ; le droit du roi de Saxe, comme celui du roi de Naples, et, par-dessus tout, le droit du Pape comme souverain temporel.

Le regrettable M. de Riancey, faisant, il y a quatre ans, ce tableau de la situation de l'Europe, affirmait avec indignation « *qu'à l'uniforme près, c'était l'état* « *au monde du temps d'Attila* ». — Que ne dirait-il pas, s'il vivait de nos jours !

Le droit ainsi disparu, n'est-il pas évident que la force avec tous ses abus devait fatalement le remplacer partout ?

L'empereur Napoléon III disait, le 14 février 1867, dans son discours d'ouverture des Chambres : « L'influence d'une nation dépend du nombre d'hommes qu'elle peut mettre sous les armes ».. Voilà où l'on en arrive quand on a foulé aux pieds dans l'Europe entière tous ces principes de justice et d'autorité morale : *la loi du plus fort*. L'aveu ne pouvait pas en sortir d'une bouche plus autorisée, ni être fait dans une circonstance plus solennelle ;

mais il eût mieux valu prendre en main, dès le principe, la cause de l'équité internationale et enseigner au monde qu'il y avait quelque chose de plus
puissant que la guerre et de plus respectable que
la victoire.... le droit.

Le pouvait-on ? Et, si on ne le pouvait pas, n'est-
ce pas à cause d'un vice originel ?

Vers la même époque, le *Punch* de Londres constatait que le besoin d'un policeman se faisait géné-
ralement sentir en Europe ; mais comment, ajoutait-
il, en confier les fonctions à qui n'est pas à l'abri de
la tentation à l'endroit des poches de ses voisins ?

Toute la question est là : pour prêcher le respect
des principes, il faut les respecter soi-même et les
avoir toujours respectés ; il faut plus !... il faut en
être la vivante expression.

III.

DOUBLE RÉVOLTE CONTRE LE PRINCIPE D'AUTORITÉ FORMANT
OBSTACLE A LA MARCHE DU PROGRÈS, NÉCESSITÉ DE
RENOUER LES TRADITIONS SOCIALES.

> Progrès, de *progredi*, signifie avancer,
> élever, réparer ; révolution, de *revol-*
> *vere*, veut dire retourner, renverser,
> détruire.
>
> (L'AUTEUR.)
>
> Dieu est bon ouvrier, cependant il
> veut qu'on l'aide.
>
> (Proverbe basque.)

Que signifie le mot *progrès* ? Tiré du latin *progredi*,
il veut dire marche en-avant, avancement d'un état
acquis vers un état plus parfait, plus élevé ou plus
grand, amélioration de toute chose, *progressus*. Au
contraire, le mot *révolution* vient de *revolvere*, retourner, revenir, renverser ; c'est-à-dire retourner
sur ses pas au lieu d'avancer, bouleverser ce qui
existe déjà, détruire au lieu d'améliorer, renverser
au lieu d'élever. Il y a souvent plus de logique que
l'on ne croit dans les mots, et il serait facile de prouver par l'histoire qu'en effet presque toutes les révolutions ont retardé le progrès, et que si, en der-

nier résultat, elles l'ont hâté quelquefois, elles ne l'ont jamais accompli elles-mêmes ; le plus souvent les peuples qui les ont faites n'y ont gagné que le despotisme.

Pour nous, la révolution est une révolte de l'homme contre le plan de Dieu, qu'il ne comprend pas, faut-il ajouter à sa décharge, et dont la réalisation naturelle lui assurerait, bien plus sûrement, tous les avantages qu'il cherche d'un autre côté. Il y a longtemps que Malebranche l'a dit : *l'erreur est la cause de la misère des hommes.*

Comme nous croyons l'avoir démontré, le progrès n'est que l'application de plus en plus parfaite des grands principes de la civilisation chrétienne dans la vie privée et dans la vie publique des individus et des peuples. La morale évangélique, remplaçant le débordement de toutes les passions du paganisme, peut seule rétablir l'ordre dans les rapports économiques, aujourd'hui fondés sur le travail libre et sur la justice substitués à la compression, au despotisme et à la force. C'est ainsi que doivent régner dans le monde, à la suite de toutes nos luttes, la liberté, l'harmonie et la paix. Mais cette harmonie sociale, comme toute harmonie, du reste, ne peut se conserver et se perfectionner qu'à la condition de respecter la loi même de son harmonie, loi dont la conservation est confiée à une double autorité : *l'autorité religieuse,* qui reste dans le secret des âmes et des cœurs, dans le for intérieur, et n'a de sanction que dans une autre vie : *Mon royaume n'est pas de ce monde*, a dit le Christ; et *l'autorité civile*, qui réprime par le bras séculier, au for extérieur, c'est-à-dire en tant que le désordre se produit extérieurement et attente à l'ordre social, qui protége, en un mot, guide et gouverne la nation.

A ces deux ordres d'autorité correspondent, dans l'ordre des idées, deux grandes révolutions qui sont venues entraver la marche de l'humanité vers le complet développement de la civilisation chrétienne, et éloigner le règne de cet âge d'or que les païens plaçaient à l'origine du monde, parce qu'ils sentaient bien qu'ils s'en éloignaient chaque jour, et que notre instinct nous montre devant nous depuis que le christianisme a remis l'humanité sur la véritable voie du progrès.

La première, inaugurée par Luther, qui, sous prétexte d'émanciper le chrétien, a nié l'autorité dans sa forme religieuse; la deuxième, que l'on peut faire remonter à Rousseau, et qui, pour dégager le citoyen de tout lien, a nié l'autorité dans sa forme politique. L'une donnant pour seul fondement à la religion la conscience individuelle et la morale indépendante; l'autre, pour base unique à la société la volonté de l'homme et l'opinion des masses : c'est-à-dire toujours l'homme se mettant à la place de Dieu, *homo sibi Deus ;* et, par suite, l'isolement, l'égoïsme, l'individualisme, en politique comme en religion.

Je sais bien que les hommes que j'ai nommés

n'ont pas tiré, n'ont peut-être même pas prévu toutes les conséquences de leurs théories. Luther serait le premier à repousser les idées anti chrétiennes et athées que professent beaucoup de ministres protestants actuels, et il a pris contre Mélanchthon la défense du dogme attaqué de la présence réelle ; Rousseau, esprit paradoxal et faux, n'avait pas vu dans son *Contrat social* quatre-vingts ans de révolutions pour aboutir au despotisme des Napoléon ou au communisme de Cabet.

Mais la marche insensible du temps et la logique des siècles ont amené l'enchaînement successif et forcé des déductions théoriques et de leurs applications pratiques, et, partis d'un faux principe, nous devons aujourd'hui rendre grâces à Dieu, qui semble, dans le siècle où nous vivons, vouloir tirer le remède de l'excès même du mal, en employant à notre égard ce que l'on appelle en mathématiques la preuve par l'absurde. Tout indique, en effet, que nous touchons à un temps où les conséquences extrêmes en toutes choses ont été formulées, dans les théories abstraites et dans le domaine des faits, de manière à ouvrir les yeux aux esprits droits et aux cœurs honnêtes de toutes les classes et de tous les camps.

L'état actuel du protestántisme nous offre l'exemple le plus frappant de la marche intellectuelle que nous voulons signaler; et, sans faire ici de la polémique religieuse, qu'il nous soit permis d'en étudier l'histoire à ce point de vue et avec la plus grande impartalité : on verra combien elle est instructive.

Luther et Calvin lui-même, tout en se séparant de l'autorité du Pape, conservaient presque tous les dogmes de la religion catholique, et sévissaient même avec une intolérance sanguinaire contre ceux de leurs premiers adeptes qui voulaient aller plus loin qu'eux : montrant par là à quel point ils jugeaient nécessaire de conserver à leur profit l'autorité contre laquelle ils se révoltaient eux-mêmes, et combien ils ignoraient que le droit de la force ne peut jamais remplacer pour longtemps la force du droit. Mais le temps et la logique sont venus ébranler tout ce qu'il y avait de mal cimenté dans les remparts dressés par eux contre les excès et les abus qu'ils redoutaient avec raison.

Aujourd'hui, fidèle à son vice originel plus qu'à la volonté de ses fondateurs, le protestantisme, malgré la Confession d'Augsbourg qui devait être son *Credo* de Nicée, malgré les tentatives de tous les temps pour trouver une base d'autorité et une règle de croyance, voit beaucoup de ses membres, et surtout de ses pasteurs, attaquer de proche en proche les points les plus fondamentaux de la croyance chrétienne, jusqu'à nier la divinité du Christ. La question religieuse ne se pose plus sur des points secondaires, s'il est possible de qualifier ainsi des divisions qui contenaient en germe celles que nous constatons aujourd'hui, et entre gens qui prétendaient conserver intact le concept religieux, mais entre ceux qui croient au supernaturalisme et ceux qui, sous les apparences de rationalisme, nient

toutes les bases de notre foi et en combattent, sous
toutes les formes, la manifestation et les conséquences. Partout nous retrouvons ces deux camps nette-
ment tranchés dans les sectes séparées de l'unité
qui, privées d'autorité et de principes absolus, se
sont trouvées sans défense devant les attaques des
logiciens de l'erreur.

En Angleterre, une partie notable du clergé schis-
matique en est arrivée à nier les dogmes les plus
fondamentaux du christianisme, sans qu'aucune autorité puisse combattre leurs excès. C'est ainsi que
le docteur Colenso, évêque de Port-Natal, et le docteur Thiriwal, évêque de Saint-David, suppriment
tout corps ecclésiastique, contestent l'inspiration
de l'Écriture sainte dans toutes ses parties et nient
la divinité de Jésus-Christ. C'est là ce que nos voisins appellent l'Eglise large (*broade Church*); elle
réunit l'adhésion des membres les plus intelligents
de l'Église établie que le mouvement vers le catholicisme n'a pas entraînés dans le sens opposé.

De semblables énormités, prêchées par leurs ministres, ouvrent les yeux aux gens de bonne foi et
provoquent chez les anglicans religieux un effroi
salutaire et un mouvement de recul que favorisent
les études vraiment consciencieuses et impartiales
de leurs savants sur les origines de la Réforme et sur
les premiers siècles de l'Église. C'est là qu'il faut
voir la cause de ce mouvement progressif qui s'est
affirmé, d'abord, dans le dernier siècle, par le mé-
thodisme, qui conserva l'esprit religieux sans reve-

nir au dogme ; plus tard', par le ritualisme qui s'attacha à la forme plus qu'au fond ; puis par l'école d'Oxford et le puséysme, comme acheminement, et qui s'épanouit enfin au soleil de la vérité par les conversions au catholicisme si nombreuses parmi les hommes les plus illustres, les plus instruits et les plus considérables de l'Angleterre. Voilà où en est conduite insensiblement, mais fatalement, aujourd'hui individuellement, demain peut-être en masse, ce que l'on est convenu en Angleterre d'appeler la haute Église (*high Church*), et cela sans qu'il y ait parti pris d'avance, complot ou entente secrète, mais par la seule force de la logique et du bon sens.

Entre les deux le protestantisme officiel est tué, autant par ses recours imprudents à l'autorité temporelle (cour des arches et du conseil privé) que par son impuissance à conserver un simulacre de symbole, et cela malgré les efforts de tous ceux qui ont intérêt à conserver l'état de choses légal et malgré l'appui de la presse orthodoxe.

En Suisse, où les situations sont bien différentes, la question se pose cependant à peu près dans les mêmes termes entre le christianisme dit libéral et le christianisme orthodoxe, et les protestants qui veulent encore croire quelque chose et conserver quelque attache avec le christianisme sérieux sont désolés. Eux aussi sont obligés de se laisser glisser jusque dans le matérialisme pur et l'athéisme, ou de venir demander leur salut au catholicisme. Voilà

pourquoi Genève, la vieille capitale du calvinisme
et la place forte des pamphlétaires du XVIIIᵉ siècle, compte aujourd'hui vingt-cinq mille de ses citoyens catholiques, est forcé d'accueillir un évêque
et un nombreux clergé orthodoxe, et voit déjà deux
églises s'élever à côté de ses temples.

En France, enfin, M. Guizot, qui n'est point un
catholique, parlant, il n'y a pas longtemps, dans une
réunion protestante, soutenait que la question suprême qui préoccupe aujourd'hui les esprits , c'est
la question posée entre ceux qui reconnaissent et
ceux qui ne reconnaissent pas un ordre surnaturel
certain et souverain, quoique impénétrable à la raison humaine, la question posée entre le *supernaturalisme* et le *rationalisme :* plaçant d'un côté les incrédules, les panthéistes, les sceptiques de toute
sorte, les purs rationalistes, et de l'autre les chrétiens. Et il avait raison. Que n'allait-il plus loin en
reconnaissant que les principes et le programme
chrétiens ne se retrouvent entiers, complets et absolus que sous la houlette du Pape et dans le catholicisme romain , et que là seulement ils peuvent
être défendus efficacement contre les attaques de
l'incrédulité?

On peut dire dès aujourd'hui que, pour le penseur, le protestantisme n'existe plus comme religion
et comme doctrine. En adoptant les termes em-
ployés par M. Guizot, il faut , si l'on accepte la
croyance au *supernaturalisme* , être catholique romain et papiste, et si l'on met le pied dans le camp

des *rationalistes*, les suivre jusqu'aux dernières conclusions de l'esprit révolutionnaire ; toute position intermédiaire n'est pas tenable. C'est ce que Proudhon, avec sa logique inflexible et son style un peu rude, a constaté en ces termes : « Le protestantisme « est mort : il n'y a que des fagoteurs germaniques « qui puissent se dire chrétiens en niant l'autorité « de l'Église et la divinité du Christ. » (*La Fédération et l'unité en Italie,* p. 22.)

Du reste, la question plane bien au-dessus du protestantisme ; mais c'était là un terrain où les deux situations devaient mieux se dessiner justement, parce que le défaut de dogme précis, de croyance positive et de caractère absolu, laissait le champ ouvert à toutes les conceptions particulières, à toutes les sectes philosophiques, à toutes les tendances religieuses, hélas ! et antireligieuses. Voilà pourquoi nous avons étudié ici la question avec quelques détails ; mais il ne faut y voir qu'une manifestation de cette grande division que nous avons signalée, avec M. Guizot, entre ceux qui croient et ceux qui ne croient pas au *supernaturalisme*, c'est-à-dire entre les *chrétiens* de toutes les religions et les incrédules de toutes les sectes. Nous ajoutons seulement à la remarque de M. Guizot cette conclusion tirée des faits eux-mêmes et très-importante pour notre discussion, à savoir : que l'Église romaine, qui a *seule* conservé le dépôt de la vérité dans sa forme absolue, peut seule aujourd'hui repousser l'erreur avec autorité.

Tout champion des sentiments religieux et chrétiens qui ne se placera pas sur ce terrain élevé et
solide se sentira bien vite sur un sol glissant et
mouvant qu'il est impossible de défendre.

Dans un autre camp, Proudhon ne voit pas la
chose autrement que nous : frappé de l'objection
tirée de la nécessité d'une vie future, d'une sanction supérieure, d'une autorité capable de juger
entre le bien et le mal, d'un Être suprême enfin, il
s'efforce en vain, dans un ouvrage fameux, de donner une nouvelle base à la justice sur la terre ; et,
s'adressant avec mépris à ceux qui attaquent la
religion sans oser aller aussi loin que lui, il prétend
que la révélation et tout ce qui s'ensuit est impliqué
dans l'hypothèse spiritualiste et la théologie déter-
minée *a priori* par la notion de Dieu et de ses rapports
avec l'homme; et il affirme que « le christianisme
« n'est autre chose que le DÉVELOPPEMENT NÉCESSAIRE,
« THÉORIQUE ET PRATIQUE du concept religieux de quel-
« que manière et à si faible degré qu'il se pose ».
« (*De la justice dans la révolution et dans l'Église*,
p. 31, 33 et 36.)

Pour lui, il est logique ; c'est un mérite que tout
le monde lui reconnaît : aussi fonde-t-il sa théorie
nouvelle sur l'*athéisme ;* pour mieux dire, il se déclare par trois fois champion énergique de l'*anti-
théisme ;* la distinction est de lui.

C'est dire clairement, et en cela il a raison, qu'il
n'y a que deux situations logiques au monde : il faut
défendre la cause de Dieu sous le drapeau du Pape,

ou déclarer la guerre à Dieu avec le terrible logicien de la révolution sociale (1).

C'est bien là, en effet, la dernière conséquence de la négation du principe d'autorité au point de vue religieux.

Le *Contrat social* a été la manifestation du rationalisme en politique.

On a dit depuis longtemps que l'hypothèse sur laquelle il se fonde était aussi fausse que la théorie que l'on voulait en tirer était dangereuse. En réalité, il est impossible de remonter par la pensée vers les origines sociales, sans reconnaître comme premier type des associations humaines la famille avec le principe de l'autorité résidant dans le père. Mais la nature n'a pas seule constitué cette autorité, et le Décalogue l'a couverte de sa sanction divine : *Tes père et mère honoreras.* Aussitôt que l'enfant est grand, la nature l'émancipe ; c'est uniquement en vertu de la loi morale, écrite ou naturelle, que les enfants respectent leurs parents dès qu'ils n'en ont plus besoin : on peut donc dire que l'autorité paternelle tient plus de l'ordre divin que de l'ordre naturel.

A mesure que les familles devenues des tribus se sont constituées en nations, elles ont diversement établi les conditions du pouvoir central et de

---

(1) Proudhon se vante quelque part d'avoir répondu, lors de sa réception dans la franc-maçonnerie, à cette question : Que doit-on à Dieu ? — Guerre a Dieu.

sa transmission : chacune a ses traditions sur ce point ; nous étudierons plus tard celles du peuple français ; mais tous les peuples l'ont respecté comme une émanation de l'autorité même de Dieu, non qu'il en dérivât en fait, mais parce qu'il la représentait en principe. C'est ce que saint Thomas exprimait par cette formule : *Potestas a Deo per populum.* (*Summa de legibus.*) C'est ainsi que nos vieilles traditions françaises, à côté du principe d'hérédité et de la loi salique qui désignaient le souverain par la volonté populaire, avaient la cérémonie du sacre qui lui conférait comme une investiture divine et lui rappelait ses devoirs et ses obligations envers la nation. Peuple et souverain apprenaient ainsi que la source et la force de toute autorité doivent remonter nécessairement à une puissance supérieure, que Dieu est l'origine et la sanction suprême de toute puissance légitime, et qu'il faut au fond de toute constitution sociale des lois non écrites ailleurs que dans le cœur et les mœurs des nations, et que l'on respecte comme si elles émanaient de Dieu même.

Ce respect de l'autorité, on l'a détruit quand on en a placé l'origine non plus en Dieu même, mais dans une espèce de soumission volontaire de chacun à la volonté collective de tous.

On peut dire que la Révolution française fut le premier fruit de cette théorie dangereuse : il suffit, en effet, d'étudier un tant soit peu, dans les documents du temps, le mouvement de 1789, pour demeurer bien convaincu que la nation française n'avait point l'intention de bouleverser dans ses principes sa constitution nationale et séculaire. Il s'agissait d'améliorer et non de détruire ; la partie saine de la nation voulait revenir à ses traditions primitives, à ses lois fondamentales, que nous étudierons plus tard ; tous voulaient respecter l'autorité du roi et obtenir de la royauté qu'elle respectât, comme jadis, celle des assemblées de la nation.

Comment donc tous ces députés, élus avec un mandat limité et porteurs de cahiers délibérés, au lieu de demander la réforme de certains abus, le contrôle des finances, la réunion périodique des États généraux, osèrent-ils élaborer une constitution toute nouvelle ? C'est, évidemment, parce qu'ils étaient imbus de cette idée fausse qu'une constitution n'était qu'un contrat social, qu'ils pouvaient dès lors le défaire et le refaire, sans songer que, en eussent-ils eu le droit et reçu la mission, c'était une folie de détruire en un jour les traditions, les lois fondamentales, les combinaisons de pouvoir dans lesquelles, pendant des siècles, la nation française avait puisé sa force, sa puissance et sa légitime influence dans le monde. (Note IV.) L'illustre Burke, qui était pourtant un esprit bien libéral, disait de nous à cette époque, dans ses *Réflexions sur la Révolution française* : « Une nation qui rompt brusquement « avec les traditions de ses ancêtres prépare infailli- « blement la décadence de sa prospérité. » Jamais pronostic fut-il plus tristement réalisé que celui-là !

Voilà, au point de vue de la logique, la faute capitale des hommes de la Révolution et l'origine fatale de nos malheurs actuels. Au lieu de conserver les grandes lignes, les nobles proportions, les sages combinaisons de la vieille constitution nationale, qui faisait déjà l'admiration de César et qui s'était épurée et perfectionnée pendant quatorze siècles, on fit table rase, et le peuple le plus ancien de l'Europe moderne fut condamné à essayer successivement les constitutions les plus insensées, sorties tout d'une pièce du cerveau d'un rhéteur ou de l'audace d'un despote.

Mais bientôt le vaste champ des constitutions politiques ne suffit plus à l'activité de tous ceux dont on avait ainsi excité l'imagination ; les réformes sociales les plus violentes et les plus radicales furent prêchées chaque matin dans les journaux, chaque soir dans les clubs ; il ne restait plus qu'un pas à faire pour tenter d'imposer par la violence un remède assuré à des maux trop certains, et on le fit. La conjuration de Babeuf est on ne peut plus intéressante à étudier à ce point de vue ; les socialistes de 1848 et les communeux de 1871 ne sont que ses pâles plagiaires ; on peut s'en convaincre par un rapide examen des documents historiques et officiels reproduits par M. Louis Reybaud, membre de l'Institut, à la suite de ses *Études sur les réformateurs ou socialistes modernes* (1).

---

(1) Paris, Guillaumin et Cie, éditeurs.

Tous les liens sociaux furent détruits, tous les ressorts du progrès si admirablement cachés par la divine Providence dans le jeu naturel des lois économiques furent brisés ; la propriété, récompense du travail et de l'épargne, fut déclarée illégitime ; la responsabilité individuelle, stimulant de l'effort et de l'intelligence, fut remplacée par le droit au travail ou, pour mieux dire, au désœuvrement ; le salaire, naturellement proportionné au mérite et au labeur, fut réclamé par le plus gourmand au détriment du plus laborieux (en proportion des besoins de chacun) ; on demanda à des lois de maximum, c'est-à-dire à l'immixtion de l'État, la fixation de la valeur de chaque chose, au lieu de laisser libre le jeu naturel de l'offre et de la demande ; l'alliance si féconde du capital, qui n'est que le travail passé accumulé, et du travail actuel fut attaquée comme une illusion et dénoncée comme une exploitation ; enfin, la constitution de la famille, ce premier élément de tout état social, fut attaquée avec audace et démolie avec acharnement (1).

Ce ne sont pas là de vaines déclamations. Owen, en Angleterre et en Amérique, avec ses cités harmoniques ; Joseph Smith et Brigham Young, grands-prêtres des Mormons, sur les bords du Lac-Salé, avec

---

(1) Par exemple, par M. Émile de Girardin, qui, inspiré peut-être par son propre état civil, a publié un volume de 428 pages intitulé *La Liberté dans le mariage par l'égalité des enfants devant* LA MÈRE. Le livre tient tout ce que ce titre promet d'excentricité.

leur polygamie et leur pouvoir théocratique ; Fourier avec son phalanstère, Cabet avec son Icarie, sont tous partis du même point. Tous les réformateurs modernes à leur suite demandent le renversement de la société , afin de substituer au plan divin leurs idées et leurs rêves, logiquement au moyen d'un nouveau contrat social, et pratiquement par la violence, l'émeute, le désordre, et ensuite par le despotisme le plus absolu et le plus cruel, nécessaire pour soumettre à leurs vues des volontés qui protesteront, des intérêts qui résisteront, des habitudes qui persisteront longtemps, et des droits qui s'affirmeront toujours dans les consciences.

Et tout cela pour arriver à un contrat qui, vicié dans sa base même et dépourvu de sanction , n'a rien d'irrévocable et condamne fatalement la société à des bouleversements continuels et périodiques.

Proudhon, qui semble quelquefois avoir reçu de Dieu la mission providentielle de pousser logiquement un principe faux jusqu'à ses conséquences absurdes, l'a fort bien compris ainsi, et il nous déclare, dans ses *Contradictions économiques*, que :

« Dans une démocratie, il n'y a lieu, en dernière
« analyse, ni à constitution, ni à gouvernement.
« La politique, dont on a écrit tant de volumes et
« qui fait la spécialité de tant de grands génies, la
« politique se réduit à un simple contrat de garantie
« mutuelle de citoyen à citoyen, de commune à
« commune, de province à province, de peuple à

« peuple, variable dans ses articles suivant la ma--
« tière, et révocable.*ad libitum* à l'infini. »

Mais un contrat révocable *ad libitum* de chaque
partie et à l'infini n'est plus un contrat : il ne reste
donc rien. Voilà comment Proudhon, que nous avons
vu ailleurs fixer le terme logique de toute négation du
pouvoir religieux, détermine le résultat final et forcé
de toute tentative contraire au principe d'autorité
en politique.

Voilà où nous conduit la logique dans l'erreur ;
et, de fait, depuis le serment fatal du Jeu de Paume,
par lequel les députés de 1789, violant leur mandat, s'engagèrent à changer notre antique constitution française, au lieu de la rétablir (note V), la
France s'est vue ballottée entre l'anarchie et le despotisme, c'est-à-dire entre le défaut d'autorité ou la
constitution, en dehors de ses véritables bases légitimes, d'une autorité exagérée et violente qui, dé-
pourvue de force morale , devait tourner au despotisme, parce que toute autorité qui n'a pour base
que la force ou la corruption doit nécessairement en
abuser.

D'ailleurs, une fois que l'on a détruit, *en principe*,
tout respect de l'autorité, quelle qu'elle soit, le droit
de révolte n'a plus de limite, ni en logique, ni en
fait ; les pouvoirs, nés du désordre, sont de plus en
plus faibles contre le désordre, et les peuples deviennent ingouvernables. L'émeute de Paris elle-même
n'est pas la dernière étape dans cette voie, et M. Léo
Franckel, en votant, *dans la séance de la Commune*

du 1ᵉʳ mai, pour l'institution d'un Comité de salut public, a·eu soin de réserver LE DROIT D'INSURRECTION contre ce comité.

Mais il fallait passer par tout cela pour que le bon sens public en fît justice et reconnût plus sûrement le vrai du faux. C'est en cela que consiste la preuve par l'absurde du bon Dieu.

Il appartient aujourd'hui au peuple français de conclure, et sa conclusion doit l'amener à reconnaître la nécessité d'un retour vers les traditions du passé.

Les études économiques et sociales de plus en plus répandues ont déjà fait dans ce sens un mouvement des plus signalés, bien que les hommes qui s'occupent de ces questions aient été les seuls à le remarquer. Au moment où éclata la révolution de 1848, la classe ouvrière fut entraînée non-seulement par les passions politiques, qu'on lui communique si facilement en tout temps, mais surtout par les rêves et les utopies les plus absurdes en fait d'organisation du travail, de banques d'échange, de partage des biens, etc... Il n'est plus question de rien de tout cela en 1870.

Les expositions universelles de Paris et de Londres, en rapprochant les patrons et les ouvriers du monde entier, les ont portés à étudier et à comparer non-seulement leurs produits, mais les institutions mêmes du travail chez les différents peuples. L'esprit pratique des masses a fait prompte justice des conceptions décevantes de tous les rêveurs. On ne rêve plus, on calcule ; tandis que les socialistes les plus en vogue en 1848 rêvaient comme de vrais hallucinés , quand ils parlaient d'organisation du travail, de banques d'échange, de suppression de l'intérêt, de *groupes passionnés* , de *séries progressives* et de *phalanges harmoniques.* L'économie politique est aujourd'hui une science, j'allais dire une science exacte ; et comme elle a la prétention de prêcher l'application des lois de la justice et de l'équité aux relations sociales, elle doit contribuer, pour sa part, à ce travail nécessaire de restauration.

L'harmonie entre tous les intérêts , aujourd'hui admise en principe par les économistes , nous conduit nécessairement à la liberté sous la sanction de la responsabilité individuelle et de la contrainte morale prêchée par la religion et reconnue nécessaire par la science.

Il y a loin de tout cela au scepticisme du XVIIIe siècle et au despotisme enfanté par lui.

Après trente ans d'études et de voyages , M. Le Play, inspecteur général des mines, commissaire aux Expositions de 1855, 1862, 1867, présente , dans un ouvrage considérable, la monographie des familles ouvrières prises dans toutes les professions et dans tous les pays ; après ses *Ouvriers européens* paraît *La Réforme sociale,* et quand il veut dégager les conclusions de toutes ses études comparées et de sa longue expérience, il intitule son œuvre : L'ORGANISATION DU TRAVAIL selon la coutume des ateliers *et la loi du Décalogue.* (Paris, A. Mame et fils, 1870.)

M. Le Play n'est pas le seul à soutenir ces théories économiques, et, malgré la société l'Internationale, qui cherche à envenimer la question dans un but politique plutôt qu'économique, il se fait partout de louables efforts pour cimenter l'union des bons ouvriers et des bons patrons : l'un amène l'autre. Partout, aujourd'hui, dans les grandes usines comme dans les petits ateliers, le sort des ouvriers préoccupe sérieusement les patrons. Elles sont de plus en plus nombreuses, ces familles de tout rang qui, comme dit M. Le Play, « vouées à l'agriculture, « à l'industrie et au commerce, prospèrent et se per- « pétuent sous la salutaire influence du travail, de la « coutume et du Décalogue. Ces familles, même dans « les plus humbles situations, possèdent la science « la plus utile, celle qui maintient l'union parmi les « hommes. Elles se reconnaissent toutes à un même « caractère : elles exercent sur leurs collaborateurs « et leurs voisins l'autorité légitime qui se fonde « sur le respect et l'affection. » M. Le Play les appelle les *autorités sociales*, et affirme qu'en fait, chez les peuples prospères, elles dirigent partout la vie privée et le gouvernement local

Eh bien ! ces saines influences s'efforcent depuis longtemps de renouer les traditions sociales, parce qu'elles y ont vu le salut de leur fortune, de leur industrie et de leur patrie. L'exemple, venu de haut, sera étudié loyalement et imité avec ardeur. Il y a là un élément de rénovation sociale dont on ne saurait trop apprécier la portée.

Au point de vue religieux, cette restauration est faite, et elle prend, dans la crise terrible que nous traversons, le caractère le plus consolant. C'est justement l'erreur des Prussiens d'avoir cru la nation française définitivement corrompue, parce que la triste *camarilla* qui exploitait la France depuis vingt ans scandalisait l'Europe par ses débordements. Oui, les désordres du moderne César et de sa cour égalaient ceux du Bas-Empire ; oui, Paris était une nouvelle Babylone, et beaucoup de ceux qui viennent la châtier et qui la jugent le plus sévèrement sont venus boire à sa coupe enchanteresse ; mais elle se relève et se purifie tous les jours sous la main de Dieu ; d'ailleurs, Paris n'est pas la France entière. Au milieu des plus violentes attaques qu'elle ait jamais éprouvées, la religion se relève partout chez nous, rajeunie, épurée, agrandie, s'il se peut, dans ses inspirations : notre clergé français, pauvre et désintéressé, dévoué et zélé, convaincu et modeste, impose le respect et attire les cœurs droits. Nos églises de campagne relèvent leurs voûtes ; nos cathédrales réparent leurs clochetons ; de toute part l'art chrétien se sent encouragé par la générosité des fidèles ; des entreprises considérables, impossibles il y a vingt ans, se réalisent aujourd'hui par des souscriptions volontaires, tant est grand partout le nombre de ceux qui veulent ainsi affirmer leur foi. Après la prétendue renaissance du XVIe siècle qui nous ramenait l'art païen, il y a là comme un pronostic des plus consolants d'un retour vers les idées chrétiennes et d'une véritable renaissance.

Mais ce n'est là qu'un signe extérieur ; le mouvement des âmes qu'il révèle est plus considérable que l'on ne pense : chaque année, la fête de la Résurrection du Christ ramène sous les voûtes trop étroites de Notre-Dame de Paris une foule toujours plus nombreuse d'hommes recueillis et pieux, où les rangs, les fortunes, les positions sociales, les opinions diverses se trouvent effacés devant la grande fraternité chrétienne. Le même spectacle a lieu dans nos villes de province. Le rire sarcastique de Voltaire est éteint, et partout aujourd'hui, dans l'armée comme dans la vie civile, on estime et on respecte un chrétien. On admire les bataillons de mobiles venus du fond de la Bretagne et qui reçoivent à genoux l'absolution de leurs aumôniers avant de s'élancer en héros sur le champ de bataille. Le général Trochu l'avait bien dit : c'est la foi chrétienne qui fait les bons soldats.

Déjà la France a donné des preuves au monde de ce réveil religieux, et quand un gouvernement faible et complice a failli à sa mission en abandonnant le pontife-roi, elle a spontanément fourni ses enfants et son or pour défendre ses droits.

Partout ailleurs le même retour se manifeste clairement ; bien aveugles seraient ceux qui le nieraient.

L'Angleterre protestante lutte en vain contre les progrès du catholicisme, et tout récemment elle a

dû, au nom de la justice et de la liberté de conscience, abandonner l'établissement de l'Église d'Irlande. La libre Belgique, malgré quelques manifestations des solidaires, est la terre classique du
dévouement à l'Église ; la Hollande revient à grands
pas vers l'unité, et ses enfants sont accourus en
masse pour défendre avec les zouaves pontificaux le
droit, la justice et la religion. L'Allemagne, quoique sous des gouvernements protestants, manifeste
la plus noble indépendance, et les études les plus
sérieuses de ses savants lui montrent la liberté religieuse dans le catholicisme. En Orient, la même
pensée conduit l'Église grecque à rechercher la paix
et le repos dans le sein de l'unité ; il n'y a pas jusqu'à l'*orthodoxie russe* qui ne sente la servitude et l'a-
vilissement qu'elle doit au schisme qui a mis le pouvoir spirituel entre les mains des tsars.

Dans la Chine, l'Océanie, l'Afrique, les missions
catholiques répandent les éléments de résurrection
et de vie ; enfin, en Amérique, et surtout aux Etats-
Unis, le sentiment de la véritable liberté étouffe les
haines religieuses et favorise les progrès du christianisme. Partout la vérité reprend le dessus, et il y a
là des signes du temps que l'on ne saurait mécon-
naître.

La France, par son rang à la tête des nations ci-
vilisées, par son intelligence, par ses précédents,
est appelée au plus brillant avenir si elle sait prendre la direction de ce grand mouvement vers les
vrais principes sociaux et religieux; c'est le seul

rôle qui lui convienne et qui lui permette de reprendre sa place dans le monde sans provoquer de nouvelles guerres de plus en plus meurtrières ; mais il est
nécessaire pour cela qu'il s'effectue, tout d'abord,
à l'intérieur, un travail analogue de rénovation, de
justice et d'apaisement au point de vue de sa constitution politique.

IV.

LA LÉGITIMITÉ, GARANTIE DE LIBERTÉS ET DE PROGRÈS A L'INTÉRIEUR.

> En France, c'est la liberté qui est ancienne, et c'est le despotisme qui est nouveau.
>
> (Mme DE STAEL.)

Une nation qui s'affaiblit, a dit Napoléon Ier, doit se retremper dans ses principes : étudions donc les origines de la vieille constitution française, et rechercherons quelles sont les traditions que nous aurons à renouer au point de vue politique.

Les Francs, en passant le Rhin, apportaient avec eux les mœurs et la constitution des Germains que Tacite, dans son style si précis, résume en deux phrases (*De moribus et populis Germaniœ*, ch. VII et XI) : « *Reges ex nobilitate, duces ex virtute sumunt,* » dit-il d'abord, en ajoutant bien vite : « *nec regibus infinita aut libera potestas* » ; et dans un autre passage il nous peint ainsi leurs assemblées populaires : « *de minoribus rebus principes consultant, de majoribus omnes* ».

Voilà le pouvoir monarchique héréditaire avec une double représentation nationale composée d'un grand conseil autour de la royauté et d'une assemblée de toute la nation armée et libre.

Nous retrouvons cette hérédité dès l'origine de notre histoire, et c'est en vertu de ce principe que les quatre fils de Clovis se partagent le royaume, au risque de briser l'unité de la nation.

A ces deux éléments essentiels apportés par les Francs, les Gaulois vinrent mêler un sentiment religieux très-prononcé sous les druides, puis éclairé et fécondé par la révélation chrétienne, et un amour profond des libertés municipales importées par les Romains : de telle sorte qu'en définitive la constitution française tient des anciens Francs la monarchie héréditaire et le principe représentatif, des Gaulois les franchises municipales et le principe religieux.

Tout l'avenir de la nation française est en germe dans ces prémices, et toute notre histoire se résume dans l'étude de leur développement progressif et parallèle ; notre destinée ne peut s'accomplir que par leur complète expansion dans l'avenir. Il ne s'agit pas, pour sauver la France, de lui imposer une constitution abstraite, théorique, absolue, mais bien d'assurer la floraison normale des germes renfermés dans ses origines, dans ses mœurs, dans ses besoins, et de faciliter ainsi la prompte réalisation de ses destinées providentielles. Or, bien des abus sont venus successivement entraver le développe-

ment normal de ces principes. — A côté des premiers rois mérovingiens nous voyons grandir peu à
peu le maire du palais, chef élu pour la guerre :
reges ex nobilitate, duces ex virtute. Cette autorité qui,
une fois la nation établie, n'avait plus sa raison
d'être, s'efforce d'absorber le pouvoir royal et de
s'y substituer ; d'élective elle devient peu à peu
héréditaire par le soin que chacun met à assurer,
de son vivant, l'élection de son fils. Enfin, l'usurpation de Pépin, qui devait, disait-il, porter la couronne parce que c'était lui qui tenait l'épée, ramène
à l'unité cette dualité du pouvoir que rien ne justi-
fiait plus.

Mais bientôt ces rois de la seconde race, dont
l'autorité était viciée dans son origine, se trouvèrent trop faibles pour résister à la féodalité gran-
dissante. Comment, d'ailleurs, arrêter dans leurs
empiétements des gens qui ne faisaient qu'imiter
la famille des Pépins ? A l'exemple des maires du
palais, chacun voulut rendre héréditaire son office
et ses bénéfices primitivement viagers. Les chefs
(*duces*) préposés à l'administration de chaque province devinrent des ducs presque indépendants ; les
conseillers et compagnons du roi (*comites*), des comtes souverains. A tous ces offices, certaines redevan-
ces avaient été attribuées pour en compenser les
charges et les obligations plus ou moins onéreuses ;
or, vers la même époque, la culture plus régulière
succédait à la culture intermittente des peuples
nomades ; la propriété et par suite la rente fon-

cière, qui en sont la conséquence, se constituaient ;
on confondit deux choses mal définies l'une et
l'autre : la redevance, qui n'était dans le principe
qu'une contribution de guerre, et la rente foncière,
qui se dégageait mal, se confondirent ; elles devinrent héréditaires en même temps, et la féodalité prit
naissance.

Avec sa forte organisation hiérarchique, avec l'indépendance qu'elle assurait aux grands feudataires,
avec son système héréditaire par voie de primogéniture, elle acquit une puissance qui balança bien
vite l'autorité royale et détruisit pour un temps
l'unité de la nation.

Le remède sortit de l'excès même du mal ; en
présence de l'ambition menaçante des empereurs
d'Allemagne, les barons français, réunis à Noyon,
comprirent le danger et, après avoir élu roi Hugues
Capet, ils établirent l'hérédité du trône dans sa
famille par ordre de primogéniture et sans partage
possible.

Alors commença une lutte nouvelle. L'unité nationale, assurée contre les partages qui avaient suivi
la mort de Clovis et celle de Clotaire, fortifiée par
une tradition permanente et par une succession
régulière, reprit successivement, par la force, par
les mariages, par la diplomatie, toutes nos provinces démembrées. La royauté arracha partout le
peuple à l'oppression de la féodalité, affranchit nos
communes, réprima les abus, rétablit la représentation nationale, reprit enfin ses positions perdues.

« Pendant toute la troisième race, dit un historien,
« la France semble occupée à remonter le fleuve
« des âges pour retrouver les principes qui avaient
« présidé à sa formation et constitué son unité. »

Cette période de restauration pour la monarchie
fut aussi une période de restauration pour les libertés publiques, tant leur sort est intimement lié
dans notre histoire.

Les premiers Gaulois se réunissaient au Champ-
de-Mars, toute la nation armée assistait à ces
réunions, et le roi ne décidait rien sans eux. Clovis II
le déclare à l'assemblée de Clichy-la-Garenne :
« Parmi les obligations que m'imposent mes de-
« voirs, celle de régler toutes mes démarches sur la
« loi, de ne prendre aucun parti dans une affaire
« importante qu'après avoir recueilli vos suffrages,
« et de m'interdire toute innovation que vous n'au-
« riez pas approuvée, tient à juste titre le premier
« rang. »

Charles Martel, Pépin, souverains de fait, mais
non de droit, et, par suite, souverains despotiques,
supprimèrent ces assemblées ou les éloignèrent ; il
n'y en eut que huit sous Pépin, pendant un règne de
vingt-six ans ; encore n'était-ce pas de véritables assemblées nationales. Charlemagne, confirmé par une
génération déjà écoulée, raffermi par sa gloire militaire, les rétablit, et il y eut sous son règne deux
placites ou assemblées nationales par an : *bis in
anno placita tenerentur.*

Ces assemblées, dont les plus remarquables sont

celles de 424, 490, 499, 534, 742, 754, 840, 878, 893, 896, avaient bien le caractère législatif ; c'est dans leur sein que furent débattues et adoptées la loi salique, les lois des ripuaires, plus tard les capitulaires. Grégoire de Tours nous apprend que de son temps (il mourut en 595) les plus pauvres y étaient admis.... *in universis leudis tam sublimibus quam pauperibus ;* et Charlemagne, voulant réprimer l'indolence de ceux qui négligeaient de s'y rendre, prononce des amendes décroissantes contre les nobles, les bourgeois et les paysans (1).

On voit que le suffrage universel (et, qui plus est, obligatoire) était inventé avant la révolution de 1848.

Quand les Francs furent établis dans la Gaule entière, quand les vaincus, ne formant plus qu'un peuple avec eux, eurent acquis les mêmes droits civils, la réunion matérielle de tous les guerriers de la nation ne fut plus possible. Inspirés par les vieilles traditions germaines, nos pères trouvèrent bien vite la solution de la difficulté ; nous l'avons déjà dit avec Tacite, *de minoribus rebus principes consultant, de majoribus omnes ;* les assemblées nationales ne se composèrent plus que de délégués, mais elles ne traitèrent que des affaires ordinaires, *de minoribus ;* les affaires plus importantes, préparées en projet, étaient envoyées aux gouverneurs de province, alors

---

(1) On lit, en effet, dans un capitulaire : *Qui de nobilioribus ad placitum mannitis contempserit, solidos quatuor componat, ingenui duos, liti unum.*

connus sous le nom de comtes, qui convoquaient les assemblées provinciales, et le projet ne devenait loi que si la majorité des comtés l'adoptait (1).

Ce furent ces traditions, un moment étouffées par la féodalité, qui se réveillèrent sous la troisième race dans les États provinciaux et généraux, et l'on retrouve dans leurs débats la nation professant et défendant toujours les mêmes principes, acceptés, du reste, et reconnus alors par la royauté.

Saint Louis n'avait-il pas dit à son fils : « *Garde de lever jamais rien sur tes sujets que de leur gré et consentement* », plus de deux cents ans avant que la même règle ne soit formulée par les États de 1488, presque dans les mêmes termes : « Lesdits États « n'entendent pas que dorénavant on mette sus au- « cune somme de deniers sans les appeler, mais que « ce soit de leur vouloir et consentement, *en gardant* « *et observant les libertés et priviléges du royaume* » ?

Le pouvoir législatif des États n'était pas plus contesté, et le principe *lex fit consensu populi et constitutione regis* avait retrouvé toute sa force ; les députés du peuple arrivaient avec des instructions sur les sujets désignés dans les lettres de convocation et ne s'en écartaient pas en matière grave.

En 1321, les États sont convoqués pour le mois

_____

(1) Toutes ces origines de notre constitution peuvent être étudiées avec fruit dans : *La Question du XIX₀ siècle*, par G. Véran, directeur de la *Revue indépendante*. (Paris, Dentu, 1866.) Malheureusement, c'est un volume de 700 pages, et on ne lit plus, dans notre siècle affairé, que les brochures.... quand elles ne sont pas trop longues.

de juillet ; la lettre adressée aux habitants de Nar-
bonne a été retrouvée ; elle est citée par Thibeaudeau, le conventionnel, historien républicain bien
connu : « Nous requérons les bourgeois de Nar-
« bonne, sur leur féauté en quoi ils sont tenus, qu'ils
« élisent quatre personnes des plus sages et des
« plus notables, qui soient instruites et *fondées suf-*
« *fisamment* de faire, aviser et accorder avec nous
« tout ce que vous pourriez faire si vous étiez pré-
« sents. » Puis l'historien cité raconte que le roi
Philippe le Long expose à l'assemblée les avantages
d'une seule monnaie de bon et loyal poids, *de l'unité*
des poids et mesures, etc. Ces avantages sont incontestables et un grand progrès. Sans s'y opposer
ouvertement, le clergé représente qu'il est plus con-
venable de délibérer sur ces questions *dans les assem-*
blées provinciales, où on les examinera plus mûre-
ment et avec plus de liberté qu'en présence du roi ;
qu'il n'est pas juste qu'un petit nombre de députés ait le
droit d'engager toute la France.... « Ainsi, ajoute-t-il,
prévaut le principe que les pouvoirs des députés
ne sont pas illimités et qu'il leur faut des pouvoirs
spéciaux pour délibérer sur des objets qui ne sont
pas déterminés dans les lettres de convocation ».
Toute délibération fut donc ajournée jusqu'à ce que
les « assemblées provinciales s'en soient occupées ».

Quel respect du droit et quelle leçon pour les
députés de 1789 qui, non-seulement sans mandat,
mais contre un mandat formel, bouleversèrent notre vieille constitution ; pour les 219 députés de

1830 qui, de leur propre autorité, changèrent la loi de succession au trône, et pour les usurpateurs de 1848 et de 1870 !

Mais les proportions d'un modeste opuscule ne permettent pas de faire ici l'histoire des États généraux et des libertés de nos pères ; chaque jour, dans nos différentes provinces, des hommes studieux et impartiaux trouvent dans nos archives municipales, dans nos vieilles bibliothèques, dans des documents oubliés, des témoignages de ces libertés qui nous surprennent. Que les républicains modérés, que les légitimistes libéraux s'unissent dans un égal esprit d'impartialité et de loyauté, pour méditer ces grandes traditions du passé si chères à nos pères ; que les uns et les autres étudient un peu les documents du temps, ils y verront que la monarchie n'était que la garantie armée des libertés publiques, et ils comprendront combien M. de Genoude avait raison quand il résumait ainsi notre vieille constitution politique : « Le Roi, c'est le chef « héréditaire de la République... La vérité poli- « tique se résume en deux mots : république à la « base, monarchie au sommet. L'élection à l'ori- « gine des dynasties, le vote universel nommant « les assemblées nationales périodiques ; l'hérédité « du trône pour assurer la perpétuité de l'ordre ; « autorité indépendante, liberté indépendante, re- « ligion indépendante. » (Voir note VI.)

Mais n'anticipons pas, et reconnaissons tout de suite que le développement normal de cette constitution véritablement libérale fut arrêté par la faute de la royauté sortie la première des voies de la justice et du droit. Après avoir vaincu , avec l'aide de la nation, les ennemis du dehors et ceux du dedans, la féodalité et le protestantisme, qui ne fut en France qu'une longue guerre civile, la royauté , ne trouvant plus d'obstacle devant elle, tendit au pouvoir absolu. Malheureusement les États généraux n'avaient pas encore solidement établi la loi de leur périodicité ; il dépendait du roi de les convoquer, il ne les convoqua plus ; le Parlement s'attribua bien un droit de contrôle , mais la constitution du royaume ne le lui donnait pas ; on le traita comme rebelle, et on le brisa quand il devint trop gênant. Le cardinal de Richelieu avait déblayé la voie , Louis XIV y marcha hardiment. Appelé jeune au plus beau trône du monde, séduit par des rêves de gloire, adulé par une cour brillante , divinisé par les poëtes, les peintres et les artistes, ne rencontrant jamais une résistance , une objection, une difficulté, il se crut un Dieu, et, le succès aidant , la France entière se soumit. Bientôt à un despotisme qui avait abaissé toutes les âmes succéda la corruption de la régence et de Louis XV et la sanglante expiation de Louis XVI. Pouvait-il en être autrement ? Le despotisme , avec son pouvoir énervant , avait duré soixante-douze ans !!

Nous arrivons ainsi au grand mouvement de 1789, qui fut incontestablement une des plus belles pages de notre histoire. Mais qu'était-il dans la pensée de

la nation ? un retour vers les traditions du passé.
(Note VII.)

Le 10 février 1789, la noblesse de la sénéchaussée
de Guienne se réunissait chez les RR. PP. Jacobins
de Bordeaux. Le discours d'ouverture , que nous
trouvons dans une brochure du temps, débute ainsi :
« Messieurs, les États généraux du royaume seront
« incessamment assemblés , et l'Europe , qui nous
« contemple , va être à portée de juger si les Fran-
« çais sont enfin dignes de la liberté. La nation
« saura-t-elle mettre à profit une époque qui, peut-
« être , ne s'offrira plus, et ressaisir ses droits *en*
« *rétablissant son antique constitution* sur une base
« *désormais inébranlable ?*...

Puis, après avoir exposé les principes qui devront
être adoptés par l'assemblée pour la rédaction de
ses cahiers, l'orateur continue :

« Rendus publics dès ce moment par la voie de
« l'impression , il est vraisemblable qu'ils opére-
« raient le double effet de répandre des idées ex-
« trêmement utiles et de vous concilier le peuple,
« en dissipant les préventions qu'on lui a suggérées.

« On verra qu'entièrement absorbés dans l'amour
« du bien général , vous écartez toutes les inspira-
« tions de l'intérêt particulier , pour ne vous occu-
« per que *du recouvrement des droits de la nation* , du
« rétablissement de l'ordre , *de la régénération* de
« l'empire français.

« Vous formerez, messieurs, une salutaire insti-
« tution , *qui ramènera les beaux jours de notre an-*

« *cienne gloire....* Vous *rallumerez* dans tous les cœurs
« les étincelles d'un feu *qui ne s'éteindra plus.* »

Et l'assemblée, partageant ces sentiments, arrête
un canevas du mandat à donner aux députés aux
États généraux, qui débute ainsi :

« Nous, membres de la noblesse de la sénéchaus-
« sée de Guienne, convaincus par une funeste expé-
« rience des dangers du gouvernement arbitraire,
« *avons résolu d'employer tous nos efforts pour rétablir*
« *l'ancienne constitution française,* dans laquelle le
« pouvoir du prince et les droits de la nation *étaient*
« *balancés par le plus juste équilibre ;* où tous les ci-
« toyens étaient également protégés par la loi, etc. »

L'assemblée indique ensuite les points que ses députés devront tout d'abord faire ériger en lois fondamentales du royaume : la périodicité des États, le
consentement de l'impôt, le concours des États à la
confection des lois, la confirmation des priviléges
des villes, le rétablissement des États provinciaux,
la responsabilité des ministres, la liberté *indéfinie*
de la presse. (Voir note VII.)

C'était, du reste, l'opinion générale et celle du
roi lui-même, qui voulait provoquer la réorganisa-
tion des États provinciaux dans toutes les provinces
de la monarchie. On peut relire, pour s'en convaincre, le rapport du comité de constitution contenant
le résumé des cahiers relatifs à cet objet, présenté
dans la séance du 27 juillet 1789 (1).

___

(1) Il résulte de ce rapport que les cahiers étaient unanimes sur
les points suivants :

Quoi qu'il en soit, les membres de la noblesse de la sénéchaussée de Guienne exprimaient le désir que ces principes fussent reconnus, dans la forme la plus solennelle, par un acte authentique et permanent,... et l'on ajoute en note : Cet acte ou charte pourrait être intitulé : *Déclaration des droits de la nation française.* C'était une idée sage et féconde. mise en avant par des gens pratiques; au lieu de cela nous eûmes : *la Déclaration des droits de l'homme,* conception sèche et abstraite, écrite par des doctrinaires, et cette constitution de l'an V, dont Joseph de Maistre disait avec sa verve et son bon sens ordinaires que c'était une pure abstraction, une œuvre scolastique faite pour exercer l'esprit d'après une hypothèse idéale, destinée à *l'homme* dans les espaces imaginaires où il habite; enfin, que ce n'était qu'un thème. (*Considérations sur la France,* p. 89.)

Article premier. Le gouvernement français est un gouvernement monarchique.

Art. 2. La personne du roi est inviolable et sacrée.

Art. 3. Sa couronne est héréditaire de mâle en mâle.

Art. 4. Le roi est dépositaire du pouvoir exécutif.

Art. 5. Les agents de l'autorité sont responsables.

Art. 6. La sanction royale est nécessaire pour la promulgation des lois.

Art. 7. La nation fait la loi avec la sanction royale.

Art. 8. Le consentement national est nécessaire à l'emprunt et à l'impôt.

Art. 9. L'impôt ne peut être accordé que d'une tenue d'États généraux à l'autre.

Art. 10. La propriété sera sacrée.

Art. 11. La liberté individuelle sera sacrée.

Eh bien ! toutes celles qui ont été données, imposées ou octroyées à la France étaient également des *thèmes*. Nous devons en avoir assez ; ce qu'il nous faut, ce n'est ni une abstraction théorique, ni une constitution comme en Belgique ou comme en Angleterre, mais la véritable constitution française dans tout son développement logique et dans toute sa perfection, résultat des progrès du temps : nous les avons payés trop cher, ces progrès, pour ne pas les trier et les réserver tout en répudiant les excès et les abus de la Révolution. Hors de là, nous ne pouvons espérer que le despotisme des aventuriers ou celui des factions.

Voilà pourquoi le premier gouvernement régulier qui fut établi en France après notre grande révolution, sous le nom d'Empire, fut un gouvernement despotique.

C'est là une voie périlleuse sur laquelle nous n'éviterons jamais ces deux écueils.

Pour reprendre aujourd'hui notre marche séculaire et constante vers la liberté, nous devons tout d'abord, sans briser l'unité nationale, repousser loin de nous cette terrible centralisation, œuvre du plus grand despote des temps modernes, Napoléon Ier, que nous avons conservée par routine et par faiblesse sous tous les régimes. Il n'y a pas de liberté pratique avec cela ni de lendemain assuré aux plus sages combinaisons ; il n'y a pas d'initiative locale ni de contrôle sérieux ; il n'y a pas d'amélioration possible ni de vie sociale. Figurez-vous toutes les

grandes orgues de nos cathédrales mises en commu-
nication mécanique avec celle de Notre-Dame de
Paris, entendez-les reproduire l'air joué sur son cla-
vier unique par l'organiste parisien, et supposez-le
se louant de cette unité touchante, de cet uni-
son spontané. C'est pourtant ce que fait le gouvernement. Grâce au télégraphe, à la toute-puissance
des préfets, à la presse officieuse de Paris et des départements, on *fait* l'opinion publique et on se loue
ensuite de l'avoir avec soi. Au moyen de ce puissant organisme, la médiocrité bien payée de MM. les
sous-chefs parisiens s'impose à la France entière
avec une morgue qu'il faut voir à l'œuvre, et aux
ministres les mieux intentionnés avec une humble
mais tenace inertie. En présence d'une résistance
aussi forte, l'énergie de la nation se brise ; ce qui
s'est fait se fera ; les gens qui raisonnent et qui pensent sont des trouble-fête ; *les précédents*, rien que
les précédents et toujours *les précédents* : c'est la loi et
les prophètes.

« En somme, dit l'auteur d'un pamphlet que nous
« avons déjà cité (*Le Deux décembre et la morale*,
« p. 31), c'est une belle machine, mais quelque peu
« dangereuse ; celui qui s'en empare s'empare de
« tout. Il peut jouer de l'immense instrument, il n'a
« qu'à tourner la précieuse manivelle, et le merveil-
« leux travail s'accomplit : il fait de la politique
« comme un Auvergnat fait de la musique ; sa main
« donne le branle à l'activité d'une grande nation.
« Jugez si c'était la main d'un malfaiteur. » Et il

ajoute, avec une sévérité trop bien justifiée : « En
« 1851, c'était la main de monsieur Bonaparte. »

Il suffit, pour briser tout cela, de diminuer le
nombre des places données par le gouvernement et
d'augmenter le nombre et l'importance des positions électives ; les maires élus par les conseils
municipaux deviennent les défenseurs de leur commune, au lieu d'être, comme on l'a soutenu, des
délégués du pouvoir central ; les juges de paix élus
à vie, dans leur canton, dans des conditions de
capacité prévues par la loi, ne seraient plus des
agents de haute police, mais des arbitres chargés
d'exercer une juridiction toute paternelle (1).

Pourquoi les tribunaux de première instance et
d'appel n'éliraient-ils pas leurs présidents, les
facultés leurs doyens, le clergé ses évêques, comme
aux États-Unis ?

D'un autre côté, la subordination doit être spécia-
lisée. Un agent municipal ne doit dépendre que du
maire et du conseil ; un préfet ne peut le destituer
pour cause politique ou électorale, par exemple ; un
agent départemental ne doit être révoqué que par
le conseil général.

Les fonctions inutiles doivent être supprimées,
et tout d'abord celles des sous-préfets.

Le nombre des affaires une fois réduit par la décentralisation, les conseillers généraux doivent être

---

(1) Il est bien entendu qu'ils ne pourraient briguer ensuite aucun autre mandat électif.

les seuls intermédiaires entre les préfets et les
maires. Ils y gagneront en importance et en dignité,
et le groupe de communes qui constitue le canton
deviendra le premier échelon de l'échelle administrative.

Enfin, les agents du pouvoir central conservés
devraient, autant que possible, être choisis dans
leur pays même, au sein de leurs intérêts, de leurs
relations, de leur propre influence, qui viendraient
relever, faciliter, adoucir leur autorité et fortifier
leur indépendance au lieu d'en faire des vagabonds,
étrangers aux mœurs et aux habitudes des pays
qu'ils administrent. Les populations accepteraient
mieux leur direction, et le gouvernement trouverait
dans leur indépendance, même une garantie de sincérité et un élément de force (1).

En second lieu, nous devons rayer de toute constitution de l'avenir la Chambre haute : il n'y a pas
de lords en France comme en Angleterre, et il faut
renoncer à en faire naître au milieu de notre société
démocratique et de nos fortunes de plus en plus

(1) Nos pères, qui avaient sous les yeux le *self-government* dans
les pays d'États administrés par leurs assemblées provinciales et la
centralisation dans des provinces voisines dirigées par des inten-
dants, savaient bien en faire la différence. On peut voir notamment
dans une publication toute récente : *Les États provinciaux de
Saintonge*, étude et documents inédits par Louis Audiat (Niort,
Clouzot, 1870, p. 138), la répulsion qu'inspiraient, dans une ville
et dans une province qui savaient pourtant apprécier sa sage et
féconde administration, M. de Réverseaux, intendant de la géné-
ralité de la Rochelle, et, par ricochet, ses subdélégués.

nivelées par le progrès économique. D'ailleurs, qu'é-
tait en 1789 la Cour des pairs? pour ses membres,
un privilége héréditaire et honorifique, pas autre
chose; dans l'organisation nationale? une haute-
cour de justice qui n'avait plus rien à juger depuis
l'abaissement de la féodalité; dans la constitution
politique du royaume? rien, absolument rien. La
suppression des priviléges de la noblesse et l'abolition de toute juridiction exceptionnelle étant choses
admises en principe, la pairie devait disparaître
logiquement. Comment fut-elle si vite rétablie par
l'Empire? Parce que le grand génie de Napoléon,
beaucoup trop surfait, ne comprenait ni nos traditions ni notre avenir politico-économique; parce
que ce parvenu aimait à singer l'ancien régime et
voulait s'entourer d'une cour nombreuse; parce que
c'était un prétexte pour donner de brillantes re-
traites à ses vieux capitaines.

Et si l'on nous demandait pourquoi elle fut conservée en 1814, nous répondrions : 1° parce qu'elle
existait sous le nom de Sénat, et 2° parce que
Louis XVIII, arrivant d'Angleterre, nous apportait
une charte anglaise, sans s'occuper de savoir si elle
convenait à nos mœurs, à nos traditions, à nos
progrès accomplis, à nos aspirations pour l'avenir.

Quant à la constitution de 1852, il est permis de
penser que si elle a établi un Sénat conservateur,
qui n'a rien su conserver, c'était principalement
pour assurer trente mille francs de plus aux affiliés
de la bande qui, grâce au cumul, touchaient des

cent, cent cinquante, deux cent et jusqu'à deux
cent trente mille francs par an. (Vaillant touchait
229,500 fr. ; Palikao, 148,000 fr. ; Fleury, 119,000 fr.
quand il était encore directeur des haras ; l'ambas-
sade de Saint-Pétersbourg a dû améliorer sa position.)

Mais politiquement ce n'était qu'un hors-d'œuvre ;
on l'a bien vu, lors de la préparation du plébiscite
relatif aux dernières modifications faites à la constitution impériale, par les difficultés que l'on éprouva
pour relier logiquement le Sénat à quelque chose
dans un gouvernement représentatif. Divers avis
s'étaient produits dans la presse et dans le public :
l'un voulait une Chambre haute entièrement nom-
mée par les conseils généraux ; un autre n'en accor-
dait qu'une moitié à l'élection et laissait le surplus à
la désignation de la couronne, ouvrant ainsi la porte
aux conflits les plus dangereux. L'auguste assemblée
elle-même s'en émut. (*Journal officiel* des 19 et 20
avril 1870.)

Au lieu de cela, que l'on revienne à notre constitution française primitive, en nous rendant nos assemblées locales, envoyant aux États généraux des
délégués munis de leurs instructions motivées ;
c'est-à-dire la nation tout entière étudiant et discu-
tant ses affaires. Chaque année, le résumé des cahiers
serait l'expression la plus claire des vœux de la
France et remplacerait avantageusement la longue
discussion de l'adresse. Les lois portant autorisation
d'emprunts ou établissements d'impôts nouveaux

devront être examinées d'abord dans ces assemblées locales ; elles seraient consultées sur la ratification des traités d'alliance et *sur les déclarations de guerre.* Avec les télégraphes et les chemins de fer, elles euvent être convoquées dans les vingt-quatre heures, et transmettre leurs instructions et leurs votes à leurs députés dans l'espace de trois ou quatre jours.

Enfin, si un conflit s'élève entre la Chambre et le ministère, si la question de cabinet se pose, les assemblées locales se réunissent et approuvent ou blâment le vote de leurs mandataires. Dans le premier cas, le ministère se retire ; dans le second, les assemblées locales envoient à la Chambre des représentants pris dans le parti qui a décidé la majorité à voter pour le ministère.

En un mot, comme les députés aux États généraux de 1321, nos représentants ne doivent trancher aucune question grave sans avoir reçu, par les cahiers annuels ou par une convocation d'urgence, les instructions des assemblées locales. Rien n'est plus simple, rien n'est plus pratique, rien n'est plus juste évidemment que ce système. C'est tout simplement le principe séculaire introduit dans notre constitution nationale par les Francs et si bien observé par Tacite : *de minoribus rebus principes consultant, de majoribus omnes.*

On a songé à trouver l'élément de ces assemblées locales dans nos conseils généraux ; d'autres voudraient rétablir nos anciennes provinces, ou tout au moins grouper des départements rapprochés par leur situation géographique et par des intérêts communs. L'un ou l'autre de ces systèmes peut répondre aux idées générales que nous venons d'exposer. Il y a mieux, l'arrondissement lui-même pourrait devenir la base de cette organisation politique ; l'assemblée serait composée de tous les conseillers municipaux de l'arrondissement ; elle élirait son député et lui donnerait des instructions écrites sur les questions fondamentales destinées à être traitées par les États généraux.

Quoi qu'il en soit, que les élus du suffrage universel au conseil municipal soient ou ne soient pas en même temps les électeurs au second degré, il faut nécessairement, d'une part, que la commune soit largement émancipée, et que ceux qui se consacrent gratuitement à la gestion de ses affaires y fassent comme l'apprentissage de situations politiques plus importantes. Ainsi sera combattue avec fruit la plaie de l'absentéisme, ainsi sera relevée et honorée l'agriculture, ainsi chacun sera excité à se dévouer pour sa commune, son canton, son arrondissement. « *C'est par la petite patrie*, disait Portalis, *qu'on s'attache à la grande.* » Il faut, d'autre part, que le suffrage universel, direct pour les élections municipales, parce que là tout le monde se connaît, soit organisé à deux degrés pour les élections politiques.

Mais, nous dira-t-on (et on nous l'a dit), savez-vous que c'est là une constitution républicaine que

vous tracez à grands traits ? — Certainement. —
Pourquoi alors tenez-vous tant à la royauté ? — Pour
qu'elle garde et conserve les traditions nationales ;
pour qu'un chef unique , héréditaire et incontesté
défende, comme autrefois, nos libertés municipales,
provinciales et nationales contre les entreprises des
grands et des ambitieux qui, dans un pays instincti-
vement monarchique , pourraient trop facilement
établir , par des moyens pervers , une monarchie
irrégulière, bâtarde, illégitime, et, par une conséquence forcée, despotique (1).

Le suffrage universel a été , dans les temps modernes, la conquête de la République de 1848 , et le
gouvernement provisoire eut tout d'abord à en or-

---

(1) M. P. Lanfrey, dans sa sévère mais juste histoire de Napoléon Ier, établit ainsi la cause de cette conséquence (2e vol., p. 6
et 7) :

« Même parmi les coopérateurs les plus actifs du 18 brumaire,
« personne ne voulait une dictature prolongée au delà du temps
« nécessaire pour réaliser le changement convenu dans la cons-
« titution.

« Mais c'est la plus vaine des illusions que de croire qu'un
« pouvoir qui s'est élevé par la fraude et la violence puisse rentrer
« à volonté dans les voies de la justice. S'il avait en effet l'a-
« mour du bien public que suppose un tel retour, il aurait toujours
« reculé devant l'emploi de pareils moyens. La crédulité des peu-
« ples, complices en cela de leur faiblesse , admet volontiers les
« conversions soudaines en vertu desquelles on se flatte que le
« bien pourra sortir du mal, et une usurpation se changer en un
« régime bienfaisant ; mais l'histoire donne sur ce point un dé-
« menti à l'opinion vulgaire, et il est sans doute heureux qu'elle
« n'autorise pas cette filiation du bien par le mal, cette promiscuité
« du crime et de la vertu. »

ganiser l'application. Malheureusement, l'idée pré-
conçue d'en faire sortir l'acceptation de la forme
républicaine, qu'on voulait alors imposer à la
France, se substitua à la pensée loyale d'y chercher
la véritable manifestation de l'opinion générale.
Au lieu du scrutin à deux degrés qui avait été pratiqué en France depuis Philippe le Bel jusqu'à
Louis XVI, et que le bon sens indiquait, on adopta le
scrutin direct, dans la crainte de voir les influences conservatrices élues aux premières et, par suite,
aux secondes élections ; au lieu du vote à la commune, on imposa le vote au canton, pour favoriser
les ouvriers des villes, plus faciles à influencer, au
détriment de ceux des campagnes, réputés mauvais
républicains ; enfin, au député traditionnel par arrondissement on substitua un scrutin de liste, pour faire
passer plus facilement des candidats inconnus à la
masse des électeurs.

On escamota bien ainsi une Assemblée constituante,
incontestablement plus républicaine que la nation
qu'elle représentait, mais on laissa à l'Empire un
système électoral qui lui permit de tailler partout
des divisions arbitraires, d'organiser les candida-
tures officielles, de fausser audacieusement pendant
vingt ans l'opinion publique, et de conduire la France
au point où elle est aujourd'hui.

Une liberté aussi féconde que celle du suffrage
universel, organisée dès le principe avec plus de
loyauté, aurait suffi pour rendre impossible un despotisme aussi long et aussi funeste à la patrie.

Si nous parvenons jamais à renouer ces traditions de notre vieille constitution nationale, si puissante, si simple et si libérale, il n'est pas douteux que nous aurons bien vite reconquis toutes ces libertés nécessaires dont parlait un jour M. Thiers à la tribune, et qu'il faut, disait-il, réclamer sous la monarchie pour échapper au despotisme d'un homme, et sous la république pour échapper au despotisme non moins dangereux d'une faction.

Eh bien ! il n'y a que la monarchie légitime qui puisse ainsi remettre véritablement et loyalement le sort de la France entre les mains de la nation. La république ne le fera pas plus en 1870 qu'elle ne l'a fait en 1848, et cela par le même motif : parce que sa première préoccupation sera toujours de se garantir contre la libre manifestation de l'opinion publique, qui ne lui est pas favorable en France (1). Écoutez plutôt Proudhon lui-même : — « Vous « connaissez peu la multitude ; l'histoire ne vous a « point initié à sa psychologie. Rien n'est moins « démocrate, au fond, que le peuple. Ses idées le « ramènent toujours à l'autorité d'un seul; et si l'an- « tiquité et le moyen âge nous ont transmis le sou- « venir de quelques démocraties, on trouve, en y « regardant de près, que ces démocraties résul-

---

(1) Malheur aux peuples, s'est écrié un illustre penseur, gouvernés par un pouvoir qui doit se préoccuper de sa propre conservation ! — *Ay de los pueblos gobernados por un poder que ha de pensar en la conservacion propria !* Balmés, T. II, chap. L.

« taient bien plus de la difficulté de poser le prince
« que d'une intelligence véritable de la liberté. » (*La
Révolution sociale démontrée par le coup d'État du 2
décembre*, p. 70 et 71.)

Tout roi ou empereur qui ne sera pas légitime ne
le fera pas non plus, parce qu'il sera parvenu au
pouvoir en s'appuyant sur un parti , c'est-à-dire
sur une fraction de la nation, et qu'il lui faudra
comprimer tous les autres ; parce que, né par l'in‑
trigue, il vivra par l'intrigue ; parce que, prenant son
point d'appui hors du droit, il le prendra dans la
force , dont il sera fatalement conduit à abuser.
(Note IX.)

M. de Chateaubriand était sûrement éclairé par
un sens politique bien profond quand il disait que
la légitimité seule peut regarder la liberté en face. Les
événements se sont chargés de lui donner raison, et
le résultat de notre longue période révolutionnaire
est de prouver aujourd'hui d'une manière évidente
que la fausse liberté est toujours en lutte avec toute
autorité, même avec celle constituée par elle, et
que, de son côté, l'autorité illégale et illégitime
repousse toujours la saine et véritable liberté comme
un danger pour sa sécurité.

Un roi légitime, au contraire, par ce seul fait qu'il
représente un principe, respecte tous les principes ;
il doit, pour que la nation respecte en lui le droit
héréditaire, respecter en elle le droit représentatif ;
tout cela se tient, tout cela est solidaire.

Mais cette solidarité ne se borne pas là, et la restauration du droit en politique donne la main à la
restauration des lois de la justice, en économie sociale. Il est un mot de M. Guizot dont nous n'avons
pu vérifier l'authenticité, mais que nous adoptons
volontiers s'il le renie, tant il exprime bien notre
pensée : « Il faut, dit-il, que l'hérédité et la légiti-
« mité soient partout pour que la société soit sta-
« ble et le pouvoir régulier ; l'hérédité des trônes
« n'a d'autre but que de mettre le droit au sommet,
« afin qu'il soit partout. »

Oh ! ce n'est pas que pour nous le comte de
Chambord soit roi de France de droit divin dans le
sens que l'on y attache. Ce mot, employé par les
démocrates comme un persifflage, peut cacher beaucoup d'esprit, mais il prouve une bien grande ignorance de notre vieille constitution française.

C'est encore là un malentendu entretenu par l'i-
gnorance ou la mauvaise foi. Dans aucun pays il n'y
a une constitution, une famille, un prince *de droit
divin* ; mais partout, quelle qu'en soit la forme, le
principe de toute autorité légitime et légale est *de
droit divin*. Nul ne possède sa maison de droit
divin ; mais le principe même de la propriété est de
droit divin, et voilà pourquoi ceux qui le violent pè-
chent à la fois contre leur conscience et contre le
code pénal.

Il suffit donc de rechercher quelle est, sur la
transmission du pouvoir, la loi établie par notre

vieille constitution française et d'en faire une juste application.

Après tout, c'est toujours la nation qui, dans un but de salut et de conservation, constitue le pouvoir qui doit la guider ; seulement, appelée à vivre des siècles, elle a compris la nécessité de confier à un pouvoir héréditaire le soin de défendre ses intérêts traditionnels et permanents, tout en réservant à ses représentants successifs celui de les combiner avec les circonstances variables du temps. Dieu n'intervient que pour donner à la loi adoptée par chaque nation la sanction de sa justice suprême, comme il la donne à tout ce qui est conforme sur la terre au droit, à l'équité, à la légitimité en toutes choses.

En fait, nos pères ont toujours soutenu le droit électif de la nation *à l'origine des dynasties*, et ils en ont usé à l'occasion. Dans un discours prononcé aux États de 1483, Philippe Pot, grand sénéchal, se fonda sur ce droit pour soutenir que si la nation reprend tous ses droits quand la famille royale est éteinte, elle les reprend en partie dans le cas où un roi mineur est appelé au trône, et que, par conséquent, les États généraux peuvent seuls disposer de la régence. (Note X.) Voilà les vrais principes ; ils ont toujours été reconnus par nos rois eux-mêmes, spécialement par Louis XV devant le Parlement, au sujet du testament de Louis XIV. (Note XI.)

Mais cette élection primordiale une fois faite, nos pères ont sagement établi et respecté le droit de dévolution de la royauté par ordre de primogéniture, à l'exclusion des femmes, afin d'éviter ainsi les troubles et les guerres civiles, d'affirmer l'unité de la nation, de conserver les traditions de sa politique extérieure, toutes considérations de premier ordre au point de vue de la vie et de l'influence perpétuelle d'une grande nation dans le monde. Philippe Pot appelle cela *la loi fondamentale* de l'État (1).

Cette loi fondamentale, la France l'a violée, sans excuse possible, quand elle a commis le crime de déposer, de juger, d'exécuter, comme un vil criminel, le plus juste, le plus libéral, le plus innocent de ses rois. C'est par une conséquence fatale qu'elle a perdu jusqu'au souvenir de ses anciennes libertés, que le despotisme, l'arbitraire et l'anarchie se partagent ses destinées, et que, pour expiation dernière, Dieu lui envoie la conquête extérieure et la guerre civile.

Une fois la première loi de la constitution française violée, toutes les autres ont été foulées aux pieds, et c'est ce mépris de toute loi et de toute autorité qui nous a perdus.

La raison nous commande donc, autant que la justice, le rétablissement de cette loi fondamentale, lien et sauvegarde de toutes les autres.

La légitimité n'est que cela; mais cela suffit pour

---

(1) L'orateur emploie à plusieurs reprises, dans son discours, l'expression de *République* pour parler de la France. Il avait raison, et c'est là la bonne, si le mot de *Platon* est vrai : « La meilleure démocratie est celle qui ressemble le plus à la monarchie. »

que son rétablissement entraîne avec lui le rétablissement de toutes les autres lois de l'État, dont l'ensemble avait fait de la France une si belle, si noble et si glorieuse nation.

Or, ce rétablissement, c'est la révolution faite pacifiquement : laissez couler librement l'eau suivant son cours naturel, il n'y aura plus ni cascade ni brisants. Proudhon le reconnaît indirectement dans l'ouvrage déjà cité (*La Révolution sociale*, etc., p. 88), par cette apostrophe qu'il adresse à ses contradicteurs : « Ceux qui déclament contre les « idées révolutionnaires réfléchissent-ils que le « rôle des rois de France pendant la troisième race, « *c'est la révolution;* que les États généraux sous « saint Louis, Philippe le Bel, Charles V, Louis XI, « Louis XII, Charles IX, Henri III, Henri IV, « Louis XIII, c'est la révolution ; que le sage Turgot, « le philanthrope Necker, le vertueux Malesherbes, « c'est la révolution ?.... » Il a raison ; mais il y a révolution et révolution. Celle dont il parle et qui nous ramènerait à la paix, à l'union, *à l'harmonie sociale*, au règne du droit, au respect de Dieu, sa sanction suprême, nous l'appelons de tous nos vœux ; celle qu'il prêche et qui conduit à la haine de tous les hommes par les *contradictions économiques*, à l'*anarchie* en politique, à l'athéisme, ou mieux à l'*anti-théisme* en religion et à la morale indépendante, nous la répudions.

Quand on comprendra bien la différence qu'il y a entre les deux, quand la masse de la nation, quand

BIBLIOTHÈQUE R. F.

7

la grande classe moyenne qui absorbe tous les jours
la noblesse qui s'efface et le peuple qui s'élève,
comprendra bien que la légitimité peut seule nous
apporter la véritable liberté, et que la république
sera toujours mère de trouble et de désordre avec
le despotisme au bout; enfin, quand ceux que l'on
appelait autrefois « les bleus » se sentiront forcés de
choisir entre les blancs et les rouges, et ce moment
semble prochain, la France sera sauvée.

Pour nous, nous sommes persuadé qu'avec ce
programme, et il ne peut pas en avoir d'autre, le
comte de Chambord réunira bientôt l'adhésion,
non-seulement de tous les monarchistes conséquents
avec eux-mêmes, mais encore de tous les libéraux
sincères et de bonne foi, également indignés des corruptions de l'Empire et de la dictature que nous
imposent aujourd'hui les républicains doctrinaires.

Il est impossible que l'on ne comprenne pas enfin
que les hommes qui mettent, en théorie, la république au-dessus de la volonté nationale (1) ne
sont aptes qu'à organiser, en fait, le despotisme.

(1) Discours de M. Gambetta au Corps législatif dans la séance
du 5 avril 1870. Toute la gauche défend aujourd'hui, plus ou moins
ouvertement, la même théorie devant l'Assemblée de Versailles,
faisant ainsi de la république un véritable gouvernement de droit
divin.

V.

LA LÉGITIMITÉ, GARANTIE DE PAIX ET DE PUISSANCE MORALE A L'EXTÉRIEUR.

> Rien de grand, dans le monde, ne s'est fait sans la France, et rien de grand ne se fera sans elle.
>
> (DE BONALD, *Mélanges.*)
>
> La paix n'est autre chose que l'accord des hommes sur le terrain de la justice.
>
> (Th. MANNEQUIN, *Le Problème démocratique ou la politique du sens commun.*)

On nous pardonnera de ne pas nous étendre beaucoup sur ce chapitre. La France a sur les bras de trop graves affaires pour songer beaucoup à celles des autres, et c'est surtout sur sa situation intérieure qu'elle doit se recueillir.

Toutefois, la restauration du droit et de la liberté en France aurait certainement la plus grande influence morale en faveur d'une restauration des principes de justice et de liberté en Europe, et il est permis d'en examiner les conséquences probables.

Les philosophes et les penseurs les plus sérieux

de tous les partis entrevoient dans l'avenir une unité, une fusion, tout au moins une fédération générale de l'Europe vers laquelle nous marchons à grands pas.

Dès le commencement du siècle, Joseph de Maistre entrevoyait ce terme probable de toutes nos luttes quand il affirmait que nous n'étions broyés que pour être mêlés. (*Soirées de Saint-Pétersbourg*, vol. 1, p. 155.)

La question a fait du chemin depuis, et M. Michel Chevalier, en terminant son rapport général sur l'Exposition universelle, prouve fort bien que le développement considérable de la Russie d'une part et des Etats-Unis de l'autre place les nations de l'Europe occidentale et centrale dans la nécessité de s'unir pour résister à un danger commun.

« Leur intérêt, dit-il, leur besoin, leur devoir est
« de se rapprocher, de cimenter entre elles une forte
« alliance, et de se constituer en une confédéra-
« tion qui serait le salut commun, ainsi que le leur
« conseillait, il y a vingt-cinq ans, un des penseurs
« du siècle qui vient d'être ravi aux lettres et à la
« philosophie, Victor Cousin.

« Jamais on n'eut lieu davantage de répéter cette
« parole d'un grand homme qui parlait admirable-
« ment de la paix, quoiqu'il aimât passionnément
« la guerre, Napoléon Ier : « Désormais toute guerre
« européenne est une guerre civile. » (P. DXI et suivantes.)

Eh bien ! cette grande unité européenne que de

Maistre et Napoléon entrevoyaient dans l'avenir, que
M. Cousin a conseillée, paraît-il, et dont M. Michel
Chevalier explique si clairement l'urgence , ne peut
se réaliser que de deux façons : au profit de la révolution et du matérialisme, par l'abandon de toute
loi morale et l'acceptation universelle du droit de
la force sous le sabre tout-puissant de la Prusse :
c'est le despotisme militaire ; — au profit de la tradition chrétienne par la fédération des peuples, l'u-
nité religieuse et le respect de la morale privée et
publique, sous l'influence de la France régénérée :
c'est la véritable liberté et le vrai progrès social.

Le résultat définitif de la crise terrible que nous
traversons doit être précisément de décider quelle
est celle qui triomphera dans l'avenir , et voilà
pourquoi notre confiance dans le résultat final reste
inébranlable au milieu des plus grands désastres de
la patrie. Quand les choses seront désespérées au
point de vue humain, Dieu les relèvera par un jeu
de sa providence ; mais notre cause est celle de la
civilisation chrétienne elle-même, et, à ce titre, elle
ne peut pas périr définitivement.

M. de Maistre, dans l'ouvrage que nous venons de
citer, dit quelque part que la moindre opinion lan-
cée par nous sur l'Europe est un bélier poussé par
trente millions d'hommes, et il ajoute :

« *Puisse cette force mystérieuse , mal appliquée jus-*
« *qu'ici et non moins puissante pour le bien que pour*
« *le mal, devenir bientôt l'organe d'un prosélytisme*

« *salutaire, capable de consoler l'humanité de tous les*
« *maux que vous lui avez faits.* »

L'observation est vraie, et le souhait qui la termine est plus près de se réaliser qu'on ne le pense.
Qu'un mouvement de restauration religieuse, sociale et politique se produise en France, et l'Europe
est sauvée. Par la seule influence morale de ce
changement dans la direction de nos idées et de
notre politique, si versatile depuis quarante ans,
les vrais principes ébranlés partout au profit du
plus fort reprennent le dessus au nom du droit et
de la liberté humaine ; les nationalités foulées aux
pieds du despotisme retrouvent un point d'appui
légal ; la voix de la justice ose s'opposer dans le
monde à celle de la violence, dans les questions
intérieures et dans les conflits internationaux. Ainsi
serait bien vite remis sur la voie des vrais et sages
progrès sociaux le char de la civilisation européenne, si malencontreusement embourbé et enrayé
par les passions, les haines et les violences de la
démagogie.

Car enfin, le bon sens public ne peut pas tarder
à le reconnaître, la révolution est une harpie qui
souille et gâte toutes les causes qu'elle touche et,
par suite, celle de l'humanité et du vrai progrès qui
les résume toutes. N'est-il pas évident qu'en dé-
tournant de son but à la fois équitable et pratique
le magnifique mouvement de 1789, elle a donné à
notre constitution séculaire un ébranlement tel
que, depuis quatre-vingts ans, nous oscillons encore

entre l'anarchie et le despotisme, sans pouvoir retrouver, d'une manière stable, notre place traditionnelle à la tête du progrès légitime et chrétien ?

Et depuis ! !.... N'a-t-elle pas perdu la sainte Pologne en arrêtant ceux qui peut-être eussent favorisé
un mouvement purement catholique et patrio-
tique, et en donnant les plus fâcheux prétextes à la
répression si sanguinaire et si cruelle du despote
moscovite ? N'a-t-elle pas compromis pendant un
temps l'avenir de la malheureuse Irlande, en subs-
tituant les émeutes et les crimes des fénians à l'agi-
tation légale, pacifique et féconde d'O'Connell ?
N'a-t-elle pas dévoyé les aspirations libérales de
l'Allemagne elle-même pour la jeter, ruinée et ré-
duite à un dur esclavage, dans les bras du despotisme militaire de la Prusse ? Enfin, n'a-t-elle pas
perdu la pauvre Italie, qui regrettera probablement
un jour le programme fédératif du traité de Zurich,
et qui est bien éloignée aujourd'hui de la liberté que
voulut un jour lui donner Pie IX ?

On sait comment la haine révolutionnaire, l'é-
meute et le meurtre de Rossi rendirent impossible
une transformation pacifique tellement libérale, que
Garibaldi, alors en Amérique, offrait son épée au
Pape (1).

Sans compter les expériences accumulées depuis

---

(1) Sa lettre, datée de Montevideo, 20 octobre 1847, a été publiée
par M. Charles Garnier dans son *Mémoire sur le royaume des
Deux-Siciles* et n'a pas été démentie.

plus d'un siècle, n'y a-t-il pas là assez d'exemples récents pour éclairer l'opinion publique, et les peuples ne chercheront-ils donc jamais dans le respect des vrais principes la seule garantie qu'ils puissent trouver, à l'intérieur contre le despotisme et l'anarchie, et à l'extérieur contre les convoitises et les ambitions de leurs voisins?

On a dit que la guerre terrible de la France et de l'Allemagne était une guerre de la race germaine contre la race latine. Ce n'est pas là une appréciation exacte; la question de race importe peu à l'affaire. Les premiers Francs étaient des Germains, les Visigoths, qui ont peuplé le sud de la France, venaient d'au delà du Rhin, et les Normands sont sortis des bouches du Wéser; le sang germain coule donc aussi dans nos veines. En réalité, cette guerre n'est qu'une lutte suprême entre la civilisation chrétienne et la barbarie ; le *pangermanisme* de la Prusse n'est que l'avant-garde du *panslavisme* moscovite ; et le panslavisme moscovite, c'est une nouvelle invasion des barbares prêts à se ruer sur l'Europe occidentale. Si, devant un pareil danger, les puissances menacées restent isolées, sinon divisées, si l'égoïsme seul dirige leur conduite, si pas une ne prend d'une main ferme la cause de la justice, de l'équité et de la morale internationale, nous sommes perdus sans retour, et sous peu le sort de l'infortunée Pologne sera celui de l'Europe entière.

Espérons mieux, et, reprenant la pensée de J. de Maistre, soyons bien persuadés qu'une crise aussi formidable que celle à laquelle nous assistons doit avoir de grands résultats dans les vues de Dieu ; notre conviction intime est qu'elle ne se terminera pas sans avoir au moins préparé l'abaissement du despotisme de la maison de Prusse, et des princes ses complices, au profit de la véritable liberté qui, rendue à l'Allemagne, la ramènera plus tard au catholicisme. Quoi qu'il en soit, il est à peu près certain que le calme une fois rétabli, les peuples de l'Europe se rapprocheront et s'uniront de plus en plus dans des sentiments de fraternité et de solidarité sociale qui les conduiront insensiblement jusqu'à la forme fédérative. Le progrès sera assuré s'ils comprennent alors que le catholicisme, qui a le premier revendiqué les principes de liberté et de responsabilité morale, véritable base de la civilisation moderne, possède encore les promesses de l'avenir, et que la meilleure garantie de la juste liberté des peuples et de la force nécessaire des gouvernements ne se rencontre que dans le respect par les uns et les autres de la loi morale enseignée au monde par le Christ.

Habitués depuis des siècles à marcher à la tête du progrès en toutes choses, nous devons être les premiers à le comprendre et à le faire comprendre à l'Europe ; ce rôle a été de tous temps celui de la France dans le passé, il doit l'être encore dans l'avenir ; si la papauté, restaurée dans son indépendance, doit être le cœur de cette confédération, la France doit en être le bras, et c'est pour cela qu'il ·

est indispensable qu'elle renoue d'abord ses traditions, comme nous l'avons établi déjà.

Qu'on ne l'oublie pas, le Saint-Siége apostolique
peut seul sauver l'Europe de l'anarchie universelle
sous forme de république, ou de la servitude universelle sous l'empire de la Prusse et de la Russie.

C'est à la France à la seconder dans cette grande
mission. Pour son propre salut politique et social, il
faut qu'elle redevienne chrétienne et qu'elle soit
toujours et partout la Fille aînée de l'Église :
c'est ainsi, et seulement ainsi, qu'elle retrou-
vera et conservera dans l'avenir son influence
séculaire dans le monde par une force morale bien-
faisante et civilisatrice devant laquelle s'inclinera
un jour, il faut l'espérer, la force brutale et barbare
qui se mesure par le nombre des canons et des mi-
trailleuses.

C'est aussi l'espérance qu'exprime, en la justifiant
d'une manière fort remarquable, Mgr Thomas, évêque de La Rochelle, dans une lettre pastorale sur
la guerre, parue au mois de décembre dernier (1).
Nous ne saurions trop signaler cet écrit à l'attention
de nos lecteurs ; ils y verront à quelle hauteur de
vue peut s'élever le penseur, quand son ardent patriotisme est doublé d'un sentiment religieux aussi
profond qu'éclairé.

_____

(1) A La Rochelle, chez Deslandes, libraire, 1870.

VI.

DU COMTE DE CHAMBORD ET DES GARANTIES PERSONNELLES QU'IL OFFRE A LA CONFIANCE D'UNE GRANDE NATION.

> La monarchie représentative, son esprit, ses principes, ses habitudes, convenaient admirablement à cette nature réservée, conciliante, tolérante, sans préjugés et sans rancunes, qu'aucune passion n'agite, qu'aucune ambition n'entraîne. Ses défauts même eussent été des qualités.
>
> (Vte DE LA GUÉRONNIÈRE.)

Quelle que soit l'importance des principes en eux-mêmes, l'esprit français est trop pratique, et, du reste, les circonstances sont trop graves pour que l'on ne se préoccupe pas, dans une juste mesure, de la valeur personnelle du prince qui les représente.

Voyons d'abord ce qu'exige la situation où nous sommes.

Il y a deux ans, au début de la révolution espagnole, le journal le *Pensamiento* faisait ainsi le portrait de *l'homme dont nous avons besoin;* appliquons le titre et les principaux passages de son article à la France, la situation, hélas ! est aujourd'hui la même

dans les deux pays : c'est la révolution et les malentendus entretenus par elle qui l'ont faite :

« N'aurons-nous pas, dit-il, un homme qui nous
« tire de l'anarchie où nous vivons ? Telle est l'excla-
« mation qui s'échappe de toutes les bouches, que
« l'on entend de tous les côtés : « N'aurons-nous pas
« un homme ?... »

« C'est que, lorsque la nécessité presse, lorsqu'un
« peuple a besoin d'un gouvernement, nous sommes
« tous monarchistes, tous, sans excepter les répu-
« blicains eux-mêmes, qui se servent de la phrase
« faite par le peuple et pour le peuple, construite
« par toutes les intelligences et répétée par toutes
« les lèvres : N'aurons-nous pas un homme ?...

« Nous voulons un homme pour toute la nation,
« non pour un, ni deux ou trois partis ; un homme
« qui commande avec justice, qui gouverne avec la
« morale de l'Évangile, qui administre avec l'ordre
« et l'économie d'un bon père de famille.

« Il faut un homme qui soit fils des entrailles de
« la patrie, qui ait les sentiments nobles et géné-
« reux du peuple espagnol, sa foi ardente, sa valeur
« chevaleresque, sa constance traditionnelle.

« Il faut un homme qui dise au père de famille :
« Tu es le roi de ta maison ; au municipe : Tu es le
« roi de ta juridiction ; à la députation : Tu es la
« reine de la province, et aux Cortès : Je suis le Roi.
« Que toutes les classes dont se compose mon peuple
« viennent à moi : viennent le clergé, la noblesse,
« la milice, le commerce et l'industrie, et la classe

« la plus nombreuse et la plus nécessiteuse de toutes,
« la classe pauvre , ou, pour mieux dire, la classe
« des pauvres ; qu'elles viennent exposer leurs be-
« soins, leurs plaintes ; mais tenez pour bien entendu
« qu'ici ne commandent ni les prêtres, ni les nobles,
« ni les militaires, ni les avocats , ni les banquiers,
« ni les commerçants, ni les industriels, ni les ou-
« vriers : je suis le Roi.

. . . .

« Je donnerai liberté et protection au commerce,
« à l'industrie, à la propriété ; au pauvre je don-
« nerai le pain de l'ordre, des économies et du tra-
« vail, qui est sa vraie liberté.

. . . .

« Je réduirai les emplois au tiers : je maintiendrai
« dans leur charge , sans distinction de couleur
« politique ; tous ceux qui la remplissent avec in-
« telligence et probité , qu'ils aient été progres-
« sistes , modérés ou républicains. Je réduirai de
« même le budget et vous donnerai l'exemple de la
« modération, pour que vous jouissiez du fruit des
« économies. Je paierai les dettes contractées par
« le libéralisme et m'efforcerai de n'en pas faire.

« Je pardonnerai tout, j'oublierai tout ; je veux
« être père avant d'être roi ; mes bras s'ouvriront
« plutôt pour embrasser que pour demander.

« Voilà le gouverneur chrétien , voilà le prince
« catholique, voilà l'homme dont on a besoin ,
« l'homme que demandent du fond du cœur tous
« ceux qui, dans les angoisses d'une situation dont

« nous voudrions oublier l'origine , s'écrient : N'au-
« rons-nous pas un homme qui nous tire de cette
« anarchie ?... »

. . . .

Si tel est bien l'homme qu'il nous faut, le comte
de Chambord, seul, remplit ce programme à raison
même de son droit, parce que, chef de l'État par un
principe supérieur et placé hors de conteste, il per-
sonnifie les traditions séculaires de la France, hérite
d'une nécessité, représente une situation, et peut
seul se placer au-dessus des luttes et des passions
des partis politiques.

Comme homme, il n'est pas au-dessous de cette
grande mission. Celui qui écrit ces lignes n'a jamais
eu l'honneur de le voir ; c'est du moins une preuve
d'impartialité : mais d'autres l'ont vu, l'ont étudié
avec soin, et, appartenant à des partis politiques op-
posés, ont cependant rendu justice à son intelligence, à son caractère, à la loyauté de son amour
pour la France et à l'élévation de ses principes.

En 1859, un républicain fort connu, qui avait
visité par pure curiosité la petite colonie française
de Frohsdorf, publiait les détails de sa visite à
M. le duc de Bordeaux (Charles Didier, 1849) et por-
tait sur le prince le jugement suivant :

« Monsieur le duc de Bordeaux a l'esprit ouvert
« aux questions du jour, les étudie toutes et n'est
« point étranger aux théories industrielles.... Deux
« questions le préoccupaient entre toutes les autres :
« l'organisation administrative de la France par la

« commune et le problème social des travailleurs...

« Tout ce qu'on est en droit d'exiger d'un homme,
« c'est le désir sincère d'apprendre et la bonne vo-
« lonté : or , on ne saurait sans injustice refuser au
« prince ces deux vertus. Ajoutez à cela du bon
« sens, de la candeur, une grande bonté et une
« générosité naturelle et incontestable, je dis plus,
« incontestée. C'est un honnête homme dans toute
« la force du mot....

« .... Il suffit de le voir pour demeurer convaincu
« de sa véracité

« Il n'est pas douteux que son aïeul, Charles X,
« et que Louis XVIII, lui-même, ne fussent énor-
« mément scandalisés de ses doctrines, et qu'il ne
« fût à leurs yeux un hérétique politique, un
« Lafayette royal.

« Comment en serait-il autrement? Les idées des
« enfants ne sont pas celles des parents. Quoi qu'on
« fasse, l'atmosphère des esprits change et le milieu
« intellectuel se modifie, non pas seulement de siècle
« en siècle , mais à chaque génération. Le fils , en
« naissant, respire un air différent de celui que son
« père a respiré, le progrès s'infiltre dans ses veines
« sans même qu'on en ait conscience et en dépit de
« toutes les résistances. Il n'y a aucun mérite à cela
« pour personne, c'est la force des choses , une loi
« de la Providence qui veut que l'humanité marche
« malgré les hommes.

« Voilà pourquoi M. le duc de Bordeaux n'a pas
« les principes de Charles X. Je vais plus loin : il

« voudrait les avoir, qu'il ne le pourrait. L'aïeul,
« pour ne citer qu'un exemple, tenait aux formes,
« à l'étiquette, ce culte de la personne royale qui a
« joué toujours dans la maison de Bourbon un rôle
« considérable ; le petit-fils, lui, n'y tient guère, fait
« bon marché de ces pompeuses inanités, et va si
« loin à cet égard, que si jamais il remontait sur un
« trône, il n'aurait pas même de cour ; son parti est
« pris là-dessus. » (*Une Visite à M. le duc de Bordeaux.*
Charles Didier, 1849.)

De son côté, M. le vicomte de la Guéronnière, depuis ambassadeur, et dont les opinions impérialistes
ont été assez affichées, écrivait en 1856, dans le
journal la *Patrie* :

« M. le comte de Chambord n'a *aucun* préjugé.
« L'éducation de l'exil, ses recueillements, ses mé-
« ditations, ses enseignements ont triomphé de tout
« ce que les traditions de famille ou de caste avaient
« pu lui suggérer de faux et de contraire à l'esprit
« du temps. Sa loyauté, sa franchise, sa fermeté de
« conscience, sa pureté de cœur l'ont guidé et lui
« ont fait toucher à beaucoup de réalités qui ne sont
« pas toujours à la portée des princes. Intelligence
« curieuse et chercheuse, il a voulu voir même ce
« qu'on aurait voulu lui cacher.... La monarchie
« représentative, son esprit, ses principes, ses ha-
« bitudes convenaient admirablement à cette nature
« réservée, conciliante, tolérante, sans préjugés et
« sans rancunes, qu'aucune passion n'agite, qu'au-

« cune ambition n'entraîne. Ses défauts même eus-
« sent été des qualités. »

A une époque plus récente, M. Albert Wolff, jour-
naliste bien connu et tout à fait étranger à ce que
l'on appelle le parti légitimiste, faisant en Allemagne un voyage de touriste, a fait, lui aussi, il y a un
an, l'excursion de Frohsdorf.

La lettre par laquelle il a rendu compte de sa visite au prince dans le *Figaro* du 10 octobre 1869, et
qui fit quelque bruit alors, respire une sincérité et
une loyauté incontestables. Au milieu de détails
pleins d'intérêt sur l'existence de l'auguste exilé,
nous remarquons les appréciations suivantes :

« .... Cet accueil d'une si exquise bienveillance
« n'est pas la plus grande surprise ; elle vient de
« l'énorme différence qu'il y a entre la personne de
« M. le comte de Chambord et ses photographies. On
« se figure le châtelain de Chambord d'une taille
« très-élevée, il est d'une taille moyenne ; on pensait
« voir un prince de l'ancien régime, tel que le dé-
« peignent les légendes du boulevard, et l'on est en
« présence d'un contemporain ; on croyait retrou-
« ver en M. le comte de Chambord la mélancolie
« de Louis XIII, la majesté de Louis XIV et la grâce
« de Louis XV, tel que nous le représentent les
« peintres du dix-huitième siècle ; mais en même
« temps que la barbe châtaine coupée en pointe et
« la conformation des yeux rappellent vaguement
« les traits de Henri IV, la vivacité, l'entrain et l'af-

8

« fectueuse simplicité en rappellent encore mieux
« le caractère.

« Rien, dans les allures de M. le comte de Cham-
« bord , ne répond aux portraits fantaisistes que
« l'on a faits de *chic* plutôt que d'après nature ; nous
« savions déjà que toute flatterie, toute allusion à
« des espérances intimes sont aussi désagréables à
« M. le comte de Chambord que les titres, que les
« visiteurs trop zélés lui décernent parfois, malgré
« l'exemple de réserve qui leur vient des amis de la
« maison. Tout ce qu'on raconte sur les usages de
« Frohsdorf et le cérémonial que l'étiquette impose
« au visiteur est absolument dénué de fondement ;
« on n'exige des hommes à qui on fait l'honneur
« de les recevoir au château que tout juste la défé-
« rence à laquelle M. le comte de Chambord a droit
« dans la situation que lui a faite l'histoire. Il serait
« téméraire de vouloir deviner ce qui se passe
« au fond du cœur de celui qu'on appelle « Mon-
« seigneur », et pas autrement ; mais rien, dans
« les habitudes de Frohsdorf, ne peut laisser
« supposer que le maître de la maison se croie
« ailleurs que dans un château aux environs de
« Vienne.

«... M. le comte de Chambord aborde la poli-
« tique comme les autres sujets, avec autant de
« dignité que de franchise, et il ne s'exagère ni le
« passé, ni le présent, ni l'avenir. Contrairement à
« ce que l'on prétend de sa race, on peut dire de
« M. le comte de Chambord qu'il n'a peut-être rien

« oublié, mais qu'il a certainement beaucoup ap-
« pris. » (*Figaro*, octobre 1869.)

Mais le prince n'a rien au fond du cœur qu'il
doive cacher à ses amis ou à ses ennemis ; il se peint
tout entier dans ses lettres les plus intimes, comme
dans les manifestes destinés au public qu'il a cru,
en de rares circonstances, devoir adresser à tous les
Français. Quelques-unes de ces pièces, reproduites
ici, finiront de le peindre.

Après son voyage à Londres, où il a reçu la visite
de nombreux *flétris* par le gouvernement de Louis-
Philippe, il écrit à un magistrat de Lille :

« 5 février 1844.

« *A M. de Fontaine, juge près le tribunal civil de Lille.*

« Heureusement les mille témoins qui m'ont
« vu à Londres peuvent attester qu'il n'y a été
« question que du bonheur de notre commune pa-
« trie. C'est là l'objet constant de mes vœux, et je
« ne vois *dans les droits que, d'après les antiques lois*
« *de la monarchie, je tiens de ma naissance, que des*
« *devoirs à remplir.* La France me trouvera toujours
« prêt à me sacrifier pour elle....

« HENRI. »

Puis au comte de Villèle, le 19 du même mois :
« Dieu, en me faisant naître, m'a imposé de grands
« devoirs envers la France : je ne les oublierai ja-
« mais. Quand il m'appellera à les remplir, je serai
« prêt sans orgueil et sans faiblesse. »

Le 19 mars, à M. Berryer et aux autres députés *flétris* :

« Le sentiment de générosité qui a porté les
« hommes honorables qui ne partagent pas encore
« toutes nos convictions à se rapprocher de nous
« dans cette circonstance, doit nous donner l'es-
« poir qu'un jour viendra, *jour heureux de concilia-*
« *tion, où tous les hommes sincères de tous les partis,*
« *de toutes les opinions, abjurant leurs trop longues*
« *divisions, se réuniront de bonne foi sur le terrain des*
« *principes monarchiques et des libertés nationales* pour
« servir et défendre notre commune patrie. »

Enfin, le 26 août de la même année. il termine
une lettre au général Donadieu par cette déclaration :

« Je l'ai dit et je le répète, si jamais la Providence
« m'ouvre les portes de la France, *je ne veux pas*
« *être le roi d'une classe ou d'un parti, mais le roi de*
« *tous.* Le mérite et les services seront les seules
« distinctions à mes yeux. »

Ah ! qu'il fait bon, au milieu des temps orageux
que nous traversons, de voir un prétendant ne parler que de ses devoirs, et un proscrit innocent de
nos luttes intestines faire partout appel à la paix,
à l'oubli du passé et à l'union de tous les Français !

Au mois de janvier 1848, il s'intéresse aux réformes libérales que l'infortuné Pie IX tente de réaliser à Rome, et il approuve chez nous le mouvement
de réforme électorale d'où devait sortir un mois
plus tard la révolution de février.

Il écrit au vicomte de Saint–Priest, le 22 janvier 1848 :

« .... Je fais des vœux sincères pour que le Pape
« puisse accomplir avec succès la grande et difficile
« tâche qu'il a entreprise, et pour que ses généreux
« desseins en faveur de ses sujets ne soient point pa-
« ralysés et compromis par l'esprit révolutionnaire
« qui, depuis soixante ans, a déjà été tant de fois
« et en tant de lieux le seul obstacle à l'établisse-
« ment d'une sage et véritable liberté. Ces senti-
« ments, je serai toujours heureux de les professer
« toutes les fois que j'en trouverai l'occasion.

« Je passe maintenant à ce qui regarde la ques-
« tion de l'intérieur de la France.... Rappelez-leur (à
« ses amis) que dans toutes les occasions, et notam-
« ment à Londres, j'ai hautement manifesté ma
« conviction que le bonheur de la France ne pou-
« vait être assuré que *par l'alliance sincère des prin-
« cipes monarchiques avec les libertés publiques.* Tout
« ce qui tendra à ce but aura toujours mon ap-
« probation. Ainsi, je vois avec un vif intérêt les
« efforts qui sont faits pour obtenir, dès à pré-
« sent, la réforme de ces lois INJUSTES qui privent le
« plus grand nombre des contribuables de la par-
« ticipation légitime qui leur appartient dans le
« vote de l'impôt, et qui, *tenant sous le joug, par*
« *l'*EXAGÉRATION DE LA CENTRALISATION ADMINISTRA-
« TIVE, *les communes, les villes, les provinces, les asso-
« ciations diverses, les dépouillent des droits et des libertés*
« *qui leur sont le plus nécessaires.*

« Je m'associe également à la lutte persévérante,
« courageuse, des catholiques de tous les partis en
« faveur de la liberté de l'enseignement, qui ne de-
« vrait avoir d'autres limites que l'autorité tuté-
« laire dont un sage gouvernement ne saurait se
« départir dans l'intérêt de la société.

« Obligé de vivre loin de la patrie, je ne puis,
« hélas ! jusqu'ici que me borner à faire des vœux
« pour elle, étudiant avec soin toutes les questions
« qui intéressent son avenir, et me tenant cons-
« tamment au courant de la situation des choses
« et des esprits par la lecture assidue des jour-
« naux des diverses opinions, et par les correspon-
« dances que je multiplie le plus que je puis avec
« des hommes qui appartiennent aux différentes
« nuances de l'opinion royaliste. C'est ainsi qu'en
« recherchant tout ce qui me paraît de nature à
« m'éclairer sur ce qui fait l'objet habituel de mes
« méditations, j'espère me trouver prêt lorsque
« le cours des événements amènera des circons-
« tances qui me permettront de travailler plus ac-
« tivement, plus personnellement au bonheur de la
« France. »

Il écrit au mois de juin 1848 :

« 1er juin 1848.

« Je viens, monsieur, de lire la prétendue lettre
« adressée par moi au président de l'Assemblée
« nationale, imprimée et publiée à Paris le 18 mai
« dernier.

« Je sais aussi qu'il a été répandu plusieurs autres
« lettres qui tendraient à faire croire que j'ai re-
« noncé au doux espoir de revoir ma chère patrie.

« Aucune de ces lettres n'est de moi. Ce qu'il y a
« de vrai, c'est mon amour pour la France, c'est le
« sentiment profond que j'ai de ses droits, de ses
« intérêts, de ses besoins, dans les temps actuels ;
« c'est la disposition où je suis de me dévouer tout
« entier, de me sacrifier à elle, si la Providence me
« juge digne de cette noble et sainte mission.

« Français avant tout, je n'ai jamais souffert que
« mon nom soit prononcé lorsqu'il ne pourrait être
« qu'une cause de division et de trouble. Mais si
« les espérances du pays sont encore une fois trom-
« pées, si la France, *lasse enfin de toutes ses expériences*
« *qui n'aboutissent qu'à la tenir perpétuellement suspen-*
« *due sur un abîme,* tourne vers moi ses regards et
« prononce elle-même mon nom comme un gage de
« sécurité et de salut, comme la garantie véritable
« des droits et de la liberté de tous, qu'elle se sou-
« vienne alors que mon bras, que mon cœur, que
« ma vie, que tout est à elle, et qu'elle peut toujours
« compter sur moi !... »

Après les émeutes de juin, c'est pour la vraie
liberté qu'il redoute l'effet des réactions ; et voici ce
qu'il écrit à M. Berryer le 5 juillet 1848 :

« Puissent le spectacle de ces calamités et la
« crainte des maux qui menacent l'avenir ne point
« emporter les esprits loin *des grands principes de*
« *justice et de* LIBERTÉ PUBLIQUE, qu'en ce temps, plus

« que jamais. les amis des peuples et des rois doi-
« vent défendre et maintenir ! »

Il encourage en tout temps les efforts de ses
amis pour ramener l'union, la paix, le rapproche-
ment des classes sociales ; et, le 16 novembre 1849,
il écrit à M. Benoist d'Azy, député du Gard, la
lettre suivante :

« J'ai reçu, Monsieur, votre lettre et le remar-
« quable rapport dont elle était accompagnée.
« C'est, comme vous le dites si bien, en revenant
« aux vrais principes de la charité chrétienne, c'est
« en ranimant au sein des classes pauvres cet es-
« prit de famille, qui tend à s'éteindre, que l'on
« peut arriver enfin à la solution du grand pro-
« blème qui préoccupe aujourd'hui, avec tant de
« raison, tous les bons esprits et tous les cœurs
« généreux. Pour moi, toujours attentif à tout ce
« qui peut assurer l'avenir du pays, je suis charmé
« de voir mes amis prendre en main la cause des
« malheureux et chercher tous les moyens d'amé-
« liorer leur sort, sans les flatter cependant d'espé-
« rances trompeuses. Je saisis avec empressement
« cette occasion de vous exprimer ma gratitude de
« tout ce que vous faites pour être utile à notre
« chère patrie. Servir la France est la meilleure
« preuve d'attachement que vous puissiez me don-
« ner....

« HENRI. »

Jamais il n'a cherché à remonter sur le trône par

des échauffourées de Boulogne ou de Strasbourg,
et ce n'est pas lui qui serait venu sournoisement se
faire nommer député à une assemblée républicaine
avec l'intention secrète de rétablir une monarchie
par l'intrigue et la fourberie. Il n'a jamais eu d'autre
pensée que de maintenir intact le principe qu'il
représente, persuadé qu'un jour il doit sauver la
France (et ce jour, n'y touchons-nous pas?); mais
jamais une pensée d'ambition personnelle ne perce
dans ses paroles, jamais il ne songe à des moyens
violents; tout est franc, loyal, sincère; tout exprime
bien l'esprit libéral et le sentiment élevé de justice
qui forment le signe de notre temps.

Voici comment il proteste contre le coup d'État du
2 décembre 1852 :

MANIFESTE.

(Reproduit dans le *Moniteur* du 15 novembre.)

« Frohsdorf, 25 octobre 1852.

« FRANÇAIS !

« En présence des épreuves de ma patrie, je me
« suis volontairement condamné à l'inaction et au
« silence. Je ne me pardonnerais pas d'avoir pu un
« seul moment aggraver ses embarras et ses périls.
« Séparé de la France, elle m'est chère et sacrée
« autant et plus encore que si je ne l'avais jamais
« quittée. J'ignore s'il me sera donné de servir un
« jour mon pays ; mais je suis bien sûr qu'il n'aura
« pas à me reprocher une parole, une démarche

« qui puisse porter la moindre atteinte à sa pros-
« périté et à son repos. C'est son honneur comme le
« mien, c'est le soin de son avenir, c'est mon de-
« voir envers lui, qui me décident à élever aujour-
« d'hui la voix !

« Français, vous voulez la monarchie, vous avez
« reconnu qu'elle seule peut vous rendre avec un
« gouvernement régulier et stable cette sécurité de
« tous les droits, cette garantie de tous les intérêts,
« cet accord permanent d'une autorité forte et
« d'une sage liberté qui fondent et assurent le
« bonheur des nations. *Ne vous livrez pas à des illu-*
« *sions qui tôt ou tard vous seraient funestes. Le nouvel*
« *empire qu'on vous propose ne saurait être cette mo-*
« *narchie tempérée et durable dont vous attendez tous*
« *ces biens.* On se trompe et on vous trompe quand
« on vous les promet en son nom. La monarchie
« véritable, la monarchie traditionnelle, appuyée
« sur le droit héréditaire et consacré par le temps,
« peut seule vous remettre en possession de ces
« précieux avantages et vous en faire jouir à
« jamais.

« Le génie et la gloire de Napoléon n'ont pu suf-
« fire à fonder rien de stable ; son nom et son souve-
« nir y suffiraient bien moins encore. On ne réta-
« blit pas la sécurité en ébranlant le principe sur
« lequel repose le trône, et *on ne consolide pas tous*
« *les droits en méconnaissant celui qui est parmi nous*
« *la base nécessaire de l'ordre monarchique.* La monar-
« chie en France, c'est la maison royale de France

« indissolublement unie à la nation. Mes pères et
« les vôtres ont traversé les siècles, travaillant
« de concert, selon les mœurs et les besoins du
« temps, au développement de notre belle patrie.
« Pendant quatorze cents ans, seuls entre tous les
« peuples de l'Europe, les Français ont toujours
« eu à leurs têtes des princes de leur nation et de
« leur sang. L'histoire de mes ancêtres est l'histoire
« de la grandeur progressive de la France, et c'est
« encore la monarchie qui l'a dotée de cette con-
« quête d'Alger, si riche d'avenir, si riche déjà par
« les hautes renommées militaires qu'elle a créées,
« et dont la gloire s'ajoute à toutes vos gloi-
« res.

« Quels que soient sur vous et sur moi les desseins
« de Dieu, resté chef de l'antique race de vos rois,
« héritier de cette longue suite de monarques qui,
« durant tant de siècles, ont incessamment accru et
« fait respecter la puissance et la fortune de la
« France, je me dois à moi-même, je dois à ma
« famille et à ma patrie de protester hautement
« contre des combinaisons mensongères et pleines
« de dangers. *Je maintiens donc mon* DROIT, QUI EST
« LE PLUS SUR GARANT DES VÔTRES, et, prenant Dieu
« à témoin, je déclare à la France et au monde que,
« *fidèle aux lois du royaume* et aux traditions de mes
« aïeux, je conserverai religieusement jusqu'à mon
« dernier soupir le dépôt de la monarchie hérédi-
« taire dont la Providence m'a confié la garde, ET
« QUI EST L'UNIQUE PORT DE SALUT OU, APRÈS TANT

« D'ORAGES, CETTE FRANCE, OBJET DE TOUT MON AMOUR,
« POURRA RETROUVER ENFIN LE REPOS ET LE BONHEUR. »

En 1866 il voit, avec regret, la France abandonner la cause du Pape, soutenir si fatalement au Mexique celle d'un malheureux prince qui, après tout, n'était qu'un aventurier, et laisser s'agrandir à nos portes la Prusse, dont le despotisme militaire rendait si menaçante l'unité allemande. Son patriotisme s'alarme, et il écrit à un ami la lettre suivante :

« Frohsdorf, le 9 décembre 1866.

« L'année qui va finir, mon cher ami, n'a pas
« été heureuse pour l'Europe, et en particulier pour
« la France ; la gravité des circonstances frappe
« tous les esprits, la situation est pleine d'incerti-
« tudes et de périls, l'opinion publique s'en émeut,
« les intérêts menacés s'inquiètent du présent et s'ef-
« fraient de l'avenir ; à peine remis d'une secousse
« violente, ils en redoutent de nouvelles ; des ques-
« tions qui semblent assoupies se réveillent; partout
« on arme, partout on prépare des moyens formida-
« bles de destruction et de guerre ; les événements
« dont l'Allemagne et l'Italie ont été récemment le
« théâtre ont confondu tous les calculs, trompé toutes
« les prévisions, rompu brusquement l'équilibre eu-
« ropéen, et aucun pays n'en a ressenti plus vive-
« ment que le nôtre le contre-coup. Cependant, grâce
« à Dieu, en considérant avec calme et de sang-
« froid l'état des choses, je n'y vois rien pour nous
« d'irréparable. Notre influence prépondérante a

« été profondément atteinte , mais une sage et ferme
« conduite , sans témérité comme sans faiblesse ,
« peut la relever. Oui , la France avec son énergie,
« sa loyauté, son désintéressement prompt à se pas-
« sionner pour toutes les grandes idées, à se dévouer
« pour toutes les justes causes, avec son armée aussi
« admirable par la discipline que par la valeur ,
« avec sa puissante unité, œuvre des siècles , mar-
« chera toujours à la tête des nations ; *sa grandeur*
« *est nécessaire à l'ordre , à la stabilité , au repos de*
« *l'Europe ;* mais c'est une raison de plus pour ne
« pas négliger les conseils d'une politique pré-
« voyante, pour ne pas accepter en silence ce que
« nos pères se sont efforcés d'empêcher dans tous
« les temps, pour ne pas laisser se former à nos
« portes deux vastes Etats , dont l'un surtout dis-
« pose d'une puissance militaire incontestable. Jus-
« tement jaloux de l'honneur et de la dignité de
« notre belle patrie , craignons pour elle jusqu'à
« l'ombre même d'un amoindrissement de l'in-
« fluence qui lui appartient. Ici, naturellement, ma
« pensée se porte avec tristesse sur Rome , où nous
« laissons abattre en ce moment une des grandes
« choses que Dieu a faites par la France , *gesta Dei*
« *per Francos ;* je veux dire la souveraineté tempo-
« relle du chef de l'Eglise , indispensable garantie
« de son indépendance et du libre exercice de son
« autorité spirituelle dans tout l'univers. Lorsque, il y
« a dix-huit ans, nous avons relevé cette institution
« dix fois séculaire, un instant renversée par la ré-

« volution, nous avons revendiqué hautement,
« comme un droit sacré, le devoir de la défendre
« contre de nouvelles attaques ; et tant que nos sol-
« dats ont gardé la cité sainte, la révolution a
« tremblé devant eux. Mais leur départ est annoncé ;
« après eux, qu'arrivera-t-il ? Si d'autres pensées
« avaient présidé au gouvernement de notre pays,
« fidèle à ses traditions nationales et à son glorieux
« titre de Fille aînée de l'Église, la France aurait eu
« quelque chose de plus à offrir au Saint-Père qu'un
« appui provisoire et passager. Soutenu par elle,
« Pie IX n'aurait eu rien à craindre de ses ennemis ;
« il eût accompli en paix sa double mission de pon-
« tife et de roi, et ses peuples lui devraient depuis
« longtemps les améliorations dont il avait pris
« lui-même la généreuse et paternelle initiative.

« Aujourd'hui nous touchons peut-être à une ca-
« tastrophe dont les conséquences sont incalcu-
« lables : ce n'est pas l'avenir de la souveraineté
« pontificale qui est seul en péril ; jusque-là il ne
« s'agissait, disait-on, en dépouillant le chef de
« l'Église de son pouvoir temporel, que de le rame-
« ner à la sainte et vénérable pauvreté de l'âge
« apostolique, afin que, déchargé de tous les soins
« de la terre, il pût exercer plus librement son au-
« torité spirituelle ; mais maintenant on ne s'en
« cache plus. Dans son pouvoir temporel, c'est bien
« son autorité spirituelle qu'on veut atteindre ;
« *c'est au principe même de toute religion et de toute*
« *autorité qu'on s'en prend.* Bientôt on demandera

« logiquement que de nos lois et de nos tribunaux
« disparaisse l'idée de Dieu ; alors il n'y aura plus
« entre les hommes d'autre lien que l'intérêt. La
« justice ne sera plus qu'une convention, il ne res-
« tera plus d'autre moyen pour l'obtenir que la
« force ; et l'édifice social, miné jusque dans ses fon-
« dements, s'écroulera de toute part.

« On repousse, NON SANS RAISON, l'immixtion de
« l'Église dans la politique ; on veut que le clergé
« se renferme dans ses saintes fonctions, sans se
« mêler aux choses du dehors ; mais comment
« pourra-t-il ne pas s'en occuper quand on aura
« jeté le trouble dans le gouvernement de l'Église,
« quand son chef vénéré ne sera plus libre ou qu'on
« l'aura forcé à quitter Rome et à errer sans asile,
« n'ayant pas où reposer sa tête ?

« Non, *la cause de la souveraineté temporelle du Pape*
« *n'est pas isolée*, ELLE EST CELLE DE TOUTE RELIGION,
« CELLE DE LA SOCIÉTÉ, CELLE DE LA LIBERTÉ ; il faut
« donc à tout prix en prévenir la chute. Disons-le
« à la louange de notre pays ; à aucune époque et
« dans aucune circonstance, il ne s'est trompé sur
« le caractère et la portée de ce qu'il voyait s'ac-
« complir, son sens droit n'a cessé d'indiquer ce qu'il
« y avait à faire et à éviter. Ainsi, les impressions
« premières sur l'Italie, sur l'expédition du Mexi-
« que, sur la lutte prête à s'engager en Allemagne,
« ont signalé d'avance, dans les étroites limites
« laissées à leurs manifestations, les dangereuses
« conséquences d'une politique poursuivie malgré

« les avertissements réitérés que les faits n'ont pas
« tardé à justifier.

« Vous me tracez, mon cher ami, un affligeant
« tableau de notre situation intérieure. Je recon-
« nais comme vous la profondeur du mal, qui arrête
« au dedans l'essor de nos destinées. Vous savez
« depuis longtemps les vœux que ma raison et mon
« cœur me dictent pour ma patrie ; est-il besoin de
« vous les redire ici ? Un pouvoir fondé sur l'hérédité
« monarchique respectée dans son principe et dans
« son action, sans faiblesse comme sans arbitraire ;
« *le gouvernement représentatif dans sa puissante vita-*
« *lité, les dépenses publiques sérieusement contrôlées, le*
« *règne des lois, le libre accès de chacun aux emplois et*
« *aux honneurs, la liberté religieuse et les libertés civiles*
« *consacrées et hors d'atteinte, l'administration inté-*
« *rieure dégagée des entraves d'une centralisation exces-*
« *sive, la propriété foncière rendue à la vie et à l'indé-*
« *pendance par la diminution des charges qui pèsent*
« *sur elle ;* l'agriculture, le commerce et l'industrie
« encouragés, *et au-dessus de tout cela une grande*
« *chose :* l'HONNÊTETÉ ! l'honnêteté qui n'est pas
« moins une obligation dans *la vie publique que*
« *dans la vie privée ;* l'honnêteté qui fait *la valeur*
« *morale des États comme des particuliers.* Est-il néces-
« saire d'ajouter qu'après tant de déchirements un
« des premiers besoins de la France c'est l'union ?
« La seule politique qui lui convienne est une poli-
« tique de conciliation, qui relie au lieu de séparer,
« qui mette en oubli toutes les anciennes dissiden-

« ces, qui fasse appel à tous les dévouements, à tous
« les mérites, à tous les nobles cœurs qui, aimant
« leur patrie comme une mère, la veulent grande,
« libre, heureuse et honorée.

« Quant à moi, ma douleur est de voir de loin les
« maux de mon pays sans qu'il me soit donné de
« les partager ; mais si, dans les épreuves qu'il peut
« avoir encore à traverser, la Providence m'ap-
« pelle un jour à le servir, n'en doutez pas, vous
« me verrez paraître résolùment au milieu de vous
« pour nous sauver ou périr ensemble.

« Vous qui me connaissez, mon cher ami, vous
« savez bien que les idées que je viens d'exprimer
« ont toujours été les miennes ; c'étaient les idées de
« ma jeunesse, ce sont mes idées d'aujourd'hui,
« confirmées et mùries par le travail et l'expérience.

« Je vous renouvelle, mon cher général, l'assurance
« de ma sincère et bien constante affection.

« HENRI. »

Enfin, quand la France paraît livrée tout à la fois
à l'anarchie au dedans et à la guerre extérieure
la plus désastreuse, quand tous les yeux cherchent un point de ralliement, un pouvoir régulier, un signe de l'unité française qui puisse
nous rallier tous, il songe qu'il peut apporter
le salut à la France, il pense que son moment est
peut-être venu, et, accouru sur nos frontières qu'il
ne veut pas passer, dans la crainte de devenir un
élément de division, il excite de là ses amis à se sou-
lever en masse pour la défense nationale, et, du fond

de son cœur vraiment royal , il adresse, le 9 octobre
1870, les paroles suivantes au peuple français :

Monseigneur le comte de Chambord à la France.

« Français ,

« Vous êtes de nouveau maîtres de vos destinées.

« Pour la quatrième fois, depuis moins d'un demi-
« siècle, vos institutions politiques se sont écroulées,
« et nous sommes livrés aux plus douloureuses
« épreuves.

« La France doit-elle voir le terme de ses agita-
« tions stériles , source de tant de malheurs ?. C'est
« à vous de répondre.

« Durant les longues années d'un exil immérité ,
« je n'ai pas permis un seul jour que mon nom fût
« une cause de division et de trouble ; mais aujour-
« d'hui qu'il peut être un gage de conciliation et de
« sécurité, je n'hésite pas à dire à mon pays que je
« suis prêt à me dévouer tout entier à son bonheur.

« Oui, la France se relèvera, si , éclairée par les
« leçons de l'expérience, lasse de tant d'essais in-
« fructueux , elle consent à rentrer dans les voies
« que la Providence lui a tracées.

« Chef de cette maison de Bourbon qui, avec l'aide
« de Dieu et de vos pères , a constitué la France
« dans sa puissante unité, je devais ressentir plus
« profondément que tout autre l'étendue de nos
« désastres , et , mieux qu'à tout autre, il m'appar-
« tient de les réparer.

« Que le deuil de la patrie soit le signal du réveil

« et des nobles élans. L'étranger sera repoussé, l'in-
« tégrité de notre territoire assurée, si nous savons
« mettre en commun tous nos efforts, tous nos dé-
« vouements et tous nos sacrifices.

« Ne l'oubliez pas, c'est par le retour à ses tradi-
« tions de foi et d'honneur que la grande nation,
« un moment affaiblie, recouvrera sa puissance et sa
« gloire.

« Je vous le disais naguère : GOUVERNER NE CONSISTE
« PAS A FLATTER LES PASSIONS DES PEUPLES, MAIS A S'AP-
« PUYER SUR LEURS VERTUS.

« Ne vous laissez plus entraîner par de fatales illu-
« sions : les institutions républicaines, qui peuvent
« correspondre aux aspirations de sociétés nou-
« velles, ne prendront jamais racine sur notre
« vieux sol monarchique.

« Pénétré des besoins de mon temps, *toute mon
« ambition est de fonder* AVEC VOUS *un gouvernement
« vraiment national*, AYANT LE DROIT POUR BASE,
« L'HONNÊTETÉ POUR MOYEN, LA GRANDEUR MORALE
« POUR BUT.

« Effaçons jusqu'au souvenir de nos discussions
« passées, si funestes au développement du véritable
« progrès et de la vraie liberté.

« Français, qu'un seul cri s'échappe de votre
« cœur :

« Tout pour la France, par la France et avec la
« France.

« HENRI.

« Frontière de France (Suisse), 9 octobre 1870. »

CONCLUSION GÉNÉRALE.

> Benoît XIV disait en 1740 : « La nation
> française est une étrange et heureuse
> nation ; elle fait des sottises tant que le
> jour dure , et Dieu les répare pendant
> la nuit. »

Benoît XIV avait raison, et il aurait pu trouver la
cause de ce qui le frappait tant dans notre histoire,
non-seulement dans une protection divine bien évidente qui a fait dire que la France était le peuple
de Dieu dans la nouvelle alliance, mais aussi dans le
caractère éminemment pratique du peuple français.

Malgré l'ardeur excessive et dangereuse qui s'en
empare trop souvent en faveur d'idées qu'il croît
neuves, progressives, fécondes, le sens droit du vrai
et du juste prend bientôt le dessus, la logique do-
mine promptement l'enthousiasme , les vrais principes s'imposent à la fin, et, plus vite que partout
ailleurs , les conceptions théoriques s'épurent au
creuset de l'expérience pour descendre des cimes
escarpées de l'utopie dans les régions plus acces-
sibles de la pratique sage et féconde.

C'est justement là ce qui constitue l'âme de la
France et ce qui fait la force de ce grand parti du
bon sens et du sens moral auquel nous faisons un
appel plein de confiance. Il faut qu'il se réveille
partout et que tous les conservateurs s'unissent dans
un effort commun pour constituer le grand parti de
l'ordre. Mais pour cela toutes les petites divisions
de parti doivent disparaître, toutes les questions
de personnes s'effacer ; il faut que les nuances se
fondent quand on se classe par couleurs. Tous doivent s'unir pour défendre la vérité ; il ne doit plus
y avoir qu'un *chrétien*, qu'un *économiste*, qu'un
Francais, à la fois conservateur et libéral.

Au *chrétien*, quelle que soit sa religion ou sa secte,
romaine ou séparée, nous disons une dernière fois :
Si vous voulez résister aux attaques du rationalisme, du scepticisme, du matérialisme en théorie
et en pratique, des hégéliens et des solidaires, des
libres-penseurs et des libres-faiseurs ; si vous voulez
sauver le concept religieux, *de quelque manière et à
si faible degré qu'il se pose*, comme dit Proudhon,
élevez-vous jusqu'aux vérités absolues, serrez-vous
autour de la papauté, abandonnez les demi-vérités,
les demi-situations, les postes isolés, et fortifiez-
vous sur le sommet des vrais principes.

A l'*économiste*, quelles que soient son école, sa
patrie, sa spécialité, nous disons : C'est à vous que
revient la noble tâche de défendre la société contre
les rêveries des novateurs, contre les empiétements
des scribes et des gouvernants, contre l'ignorance

et la routine de tous ; vous avez à faire triompher dans le monde la vérité sociale ; dépouillez-la de ses moindres obscurités, repoussez les moindres erreurs à cause de leurs conséquences possibles, remontez, vous aussi, aux principes, aux vérités absolues et intolérantes par nature, ne pactisez en rien avec l'erreur.

Au *Français*, quels que soient son parti jusqu'ici, ses précédents et son passé, nous disons : Il en est dans le domaine de la politique proprement dite comme dans le domaine religieux, comme dans celui de l'économie sociale : les expédients nés des circonstances du moment et des combinaisons de personnes sont bien vite usés, quand l'expérience a permis de juger la fausseté de leurs bases, la faiblesse de leurs constitutions, la corruption de leurs moyens. Depuis quatre-vingts ans nous avons essayé et rebuté tous les systèmes, nous sommes tombés successivement et par deux fois dans l'anarchie la plus effrayante et dans le despotisme le plus humiliant, et, comme pour justifier cette parole de J. de Maistre qui prétendait que la nation française était trop noble pour être esclave et trop fougueuse pour être libre, rien de tout cela n'a pu prendre racine.

Que l'expérience au moins vous éclaire, si la logique ne suffit pas à vous convaincre ; revenez à la loi fondamentale de notre vieille constitution française, à la royauté héréditaire et traditionnelle : c'est là que sont, en politique, les principes vrais, et par conséquent absolus ; il n'y a que ceux-là qui puissent résister à l'attaque des théories fausses et des passions mauvaises.

Puis, réunissant dans une allocution commune le *chrétien*, l'*économiste* et le *Français*, nous leur disons : Groupez-vous autour du faisceau de vérités et de principes que vous devez, un jour, faire triompher dans le monde ; appuyez-vous l'un sur l'autre, touchez-vous les coudes et faites face de tous côtés, comme trois chasseurs d'Afrique recevant sur un coteau l'attaque des cavaliers du désert ; souvenez-vous que celui qui sortirait du terrain solide des principes, qui n'existe qu'au sommet, trouverait un sol glissant et serait fatalement entraîné dans les abîmes qui vous entourent ; soyez bien convaincus que la victoire commune ne sera obtenue que par les efforts communs.

C'est ainsi, mais seulement ainsi, que vous sauverez la *religion*, la *patrie* et la *société* : c'est-à-dire l'*autel*, le *trône* et le *foyer domestique*. Ils ont été attaqués ensemble par l'esprit de la révolution (voir note XII), ils ne peuvent se relever qu'ensemble, à la condition que la logique dans le mal nous fasse enfin admettre la logique dans le bien. Sous les coups qui l'accablent, il faut que notre génération comprenne enfin que la religion divinement révélée qui a donné naissance à notre civilisation moderne, la saine économie sociale qui en étudie les bases et en prépare le développement, la sage et féconde politique qui peut seule en diriger la marche normale et sûre,

représentent, sous trois formes différentes, les mêmes tendances vers le règne promis par Dieu, de la
vérité, de la justice et de l'amour.

Il faut enfin que nos mœurs, nos doctrines et nos
lois retrouvent cette unité qui en fait la force, en
se conformant respectivement à cette règle absolue
et supérieure du juste èt du vrai, qui commande à la
conscience privée, qui se révèle à la science sociale,
et qui s'impose à la politique et à la diplomatie sous
la sanction des plus terribles malheurs.

Nous ne retrouverons que là ce respect de l'autorité dont l'absence nous a été si fatale partout. Respect de l'autorité paternelle dans la famille, de l'autorité religieuse dans le for intérieur, de ce que Mgr
Le Play appelle avec raison *les autorités sociales* dans
la vaste organisation du travail humain, de l'autorité des chefs militaires désignés par leurs mérites
et leurs capacités, et non par l'intrigue ou l'ancien-
neté : *Duces ex virtute*, de l'autorité qui s'attache
nécessairement à la majorité dans toute assemblée
délibérante, et, pour couronner tout cela, respect
d'une autorité légitime, héréditaire et incontestée,
marchant à la tète de la nation pour la conduire, à
travers les siècles, vers la réalisation progressive de
ses destinées providentielles.

Malheureusement nous n'avons plus les grands
caractères de nos pères, cette vie sévère et grave
dont certaines villes de parlement conservent encore des types héréditaires, ce sentiment d'honneur,
de vraie noblesse et de justice qui animait toute la

nation, qui contribuait beaucoup à réprimer les excès de notre caractère national, et qui traçait à chacun son devoir dans les moments de crises sociales ; nous n'avons plus, surtout, ce respect des principes supérieurs et fondamentaux de notre constitution nationale dans lesquels la France a trouvé son salut au milieu des crises les plus redoutables, et que nos ancêtres savaient mettre au-dessus des plus violentes passions du moment.

Ainsi Charles VII, réfugié à Bourges, sans armée, sans trésor, sans secours étranger, désespérant un moment de sa propre cause, à côté du secours providentiel personnifié par Jeanne d'Arc, trouvait dans le sentiment français, dans le dévouement de tous les ordres de la nation au principe héréditaire de ses rois, dans l'énergie vitale de cette constitution séculaire, la force de chasser les Anglais, maîtres de sa capitale et de presque tout son royaume, mais maîtres par la force et non par le droit.

Ainsi Henri IV, encore protestant, malgré les efforts et les menées des Guise, malgré les passions de la Ligue, malgré les craintes qu'ils pouvaient éprouver pour leur foi religieuse, avait obtenu, trois ans avant sa conversion, l'adhésion de 101 évêques sur 118 qui existaient alors en France, et ce respect du principe héréditaire sauvait notre patrie de la guerre civile d'abord, et du désordre qui aurait suivi le triomphe de la Ligue, dont les chefs, bien vite divisés entre eux, auraient sûrement conduit le pays à sa perte par l'abus de la force ou le despotisme de plusieurs, bien pire' que celui d'un seul.

Ainsi, dans les temps modernes, nous avons vu Louis XVIII, presque oublié de la nation, arrivant d'un long exil, seul, sans secours, se poser non pas *avec,* comme on l'a dit depuis de mauvaise foi, mais *contre* les baïonnettes étrangères, et sauver la France en l'arrachant par la seule autorité de son nom et de son droit héréditaire des mains d'une coalition européenne trop justement irritée et qui l'avait déjà partagée. (Note XIII.) L'histoire commence à parler après les passions politiques du moment ; et si des revirements de fortune publique aussi prompts que le furent ceux de 1814, des Cent-Jours et de 1815, amenèrent des excès, des violences, des vengeances sévères ou cruelles de part et d'autre, tout le monde reconnaît aujourd'hui que la France dut alors son salut au représentant oublié de nos vieux rois, devant l'autorité et la majesté duquel les souverains alliés s'inclinèrent comme malgré eux, et que le retour de l'île d'Elbe, la guerre nouvelle qui en fut la suite et qui était une violation de la foi jurée, devint la seule cause des conditions plus sévères de 1815.

Pourquoi ne pas espérer que la France peut encore de nos jours trouver son salut dans le principe tutélaire de la monarchie française ? (Note XIV.) C'est ce principe qui, par sa seule puissance morale, a sauvé la nationalité française sous Charles VII, qui a mis un terme sous Henri IV à la guerre civile la plus passionnée , puisqu'elle avait la religion pour motif ou pour prétexte, qui nous délivrait en 1815 des dangers de la conquête. Pourquoi ne nous sauverait-il pas aujourd'hui tout à la fois et de l'étranger, et de l'anarchie, et du despotisme ?

Il suffit pour cela que l'opinion publique se prononce, que le monde intelligent, que le commerce et l'industrie, que la magistrature, que les hommes publics de tous les partis reconnaissent enfin que la série des expédients et des expériences politiques est épuisée, qu'une transaction est forcée aujourd'hui entre toutes les nuances du progrès et tous les partis monarchiques, et que cette transaction, franche, loyale, féconde, durable, peut seule nous donner la *vraie* pratique de la liberté avec le *vrai* principe de l'autorité.

Les légitimistes les plus éclairés et les plus convaincus n'ont jamais séparé ces deux causes. On raconte que M. de Lourdoueix, prié d'inscrire quelques lignes sur un album, y traça ainsi le programme de l'avenir : « Si tous les noms illustres « qui figurent ici étaient apposés au bas de cette « formule : *hérédité légitime du pouvoir et droit imprescriptible des citoyens,* cet album serait le livre « d'or de la France (1). »

Nos pères avaient passé des siècles à chercher et à améliorer les bases de cette alliance féconde entre

_____

(1) Le fac-simile a été reproduit par le journal l'*Autographe* du 15 janvier 1864.

l'autorité et la liberté, et il y a longtemps que nous jouirions d'une solution définitive si nous avions respecté comme eux la stabilité du pouvoir, tout en l'entourant d'institutions de plus en plus libérales. (Note XV.) Nous aurions, tout d'abord, évité la démoralisation qui est née de l'instabilité même de ces pouvoirs, chacun se sentant à son tour invité à profiter du présent et à ne pas compter sur l'avenir ; nous aurions ensuite dépensé au vrai progrès agricole, commercial et industriel, l'activité absorbée dans nos luttes intestines et dans les incertitudes que nous éprouvons toujours pour l'avenir.

Il y a un an, alors que personne ne prévoyait les malheurs qui sont venus fondre sur la patrie, les hommes les moins réfléchis comme les plus sages ne songeaient-ils pas avec frayeur au moment incertain de la chute de l'Empire par la mort de Napoléon III ? Qui pourrait mesurer la fâcheuse influence de cette incertitude sur la marche générale des affaires, même en temps ordinaire, et qui pourrait dire ce qu'eût été la crise provoquée par la mort naturelle ou tragique de l'empereur arrivée six mois, un an avant la guerre ?

Eh bien ! sans remonter bien loin dans notre histoire, nous pouvons voir le degré de sécurité que trouve une grande nation dans ce simple cri du héraut d'arme annonçant au peuple la fin d'un règne : « Le roi est mort, vive le roi ! »

Au mois d'août 1824, le 5 0/0 se négociait à 100 fr. :

la nouvelle de la maladie du roi Louis XVIII et de ses
progrès ne provoqua aucune baisse ; le 11 septembre
on cotait 98 fr. 85 c. et 99 fr., *coupon détaché.*
La Bourse fut fermée le 12 et rouverte le 20 : le roi
était mort le 16 ; la rente monta ce jour-là à 99 fr.
90 c., et le 30 du même mois à 101 fr. 40 c. et
101 fr. 65 c.

La sécurité intérieure que donne la transmission
régulière du trône se trouve ainsi établie par des
chiffres ; mais comment apprécier l'influence légitime et la puissance préservatrice qu'elle communique à une grande nation dans ses relations exté-
rieures ? On peut affirmer que la guerre d'Orient
n'eût jamais été rendue nécessaire si la France avait
toujours suivi avec modération, mais avec fermeté,
la politique de la Restauration en Orient. Le roi de
Prusse n'aurait jamais fait le siége de Paris si, la
première fois que l'on a voulu substituer en Europe
l'abus de la force au droit des gens, un souverain ré-
gnant sur la France en vertu d'un principe légitime
était venu protester au nom de la justice et de la morale internationale. L'homme du 2 décembre n'a pas
pu le faire à cause de sa propre origine illégitime et
illégale. C'était bien dans le rôle traditionnel de la
France de défendre partout le droit attaqué par la
force, le Pape au midi et le Danemark au nord ; mais
Louis-Napoléon, le parjure et le conspirateur, n'était
pas digne de porter ce noble drapeau dans le monde,
et c'est pour le lui avoir laissé toucher que nous
sommes aujourd'hui l'objet des colères divines.

Nous avons démontré que si le XVIII° siècle avait été un grand démolisseur, dont l'œuvre infernale avait été dignement couronnée par les excès de 1793, le XIX° semblait appelé à tout réparer, à tout restaurer, à relever toutes les ruines, à raffermir tous les principes. Pourquoi, lui aussi, ne trouverait-il pas le couronnement de son œuvre dans la restauration capitale du principe de la *légitimité*, seule sauvegarde possible de la vraie *liberté?* (Voir note XVI.)

Il semble que le bon sens public devine et prévoit depuis longtemps ce résultat final de toutes nos luttes. M. Glais-Bizoin lui-même ne disait-il pas à la Chambre des députés, dans la séance du 13 mars 1868 : « L'histoire nous apprend que les « nations ont quelquefois besoin de remercier la « Providence de leur tenir en réserve des sauveurs « qu'on a commencé par appeler des prétendants. » Voici, du reste, en quels termes un républicain bien connu en exprimait la pensée au prince, il y a près de vingt ans (1) :

« J'allais droit au but, dit-il, et voici textuelle- « ment, autant que ma mémoire me la rappelle, « la première phrase sérieuse que je lui adressai : « Monseigneur, lui dis-je, j'ignore et Dieu seul peut « savoir quelles destinées vous sont réservées dans « l'avenir ; mais si vous avez une chance de régner

_____

(1) M. Charles Didier, *Une visite à M. le duc de Bordeaux ;* chez M. Lévy, Paris, 1849.

« quelque jour en France, ce que, pour mon
« compte, je ne désire pas, cette chance la voici :
« que, par impossible, la France, épuisée par ses
« expériences, à bout de ressources, ne trouve pas
« dans le pouvoir électif la stabilité qu'elle pour-
« suit, que le découragement, les mécomptes re-
« tournent jamais ses pensées vers le principe héré-
« ditaire, comme base plus fixe de l'autorité ; vous
« représentez ce principe, et, dans ce cas, c'est la
« France elle-même qui viendrait vous chercher.
« Jusque-là, je ne vois pour vous qu'une chose à
« faire, attendre les événements. »

« M. le duc de Bordeaux m'avait écouté avec at-
« tention ; à mesure que je parlais, sa physionomie
« se détendait visiblement : la glace du début était
« brisée. Il me répondit sans hésitation que je ve-
« nais de traduire sa pensée ; qu'il n'entreprendrait
« jamais rien contre les pouvoirs établis, ne vou-
« lait prendre aucune initiative et n'avait aucune
« ambition personnelle ; qu'il se considérait, en
« effet, comme le principe de l'ordre et de la sta-
« bilité ; qu'il entendait maintenir ce principe
« intact, ne fût-ce que pour le repos futur de la
« France ; que ce principe était toute sa force, qu'il
« n'en avait pas d'autre ; qu'il en aurait toujours
« assez pour remplir son devoir, quel qu'il fût, et
« que Dieu, d'ailleurs, lui viendrait en aide. Si je
« rentre jamais en France, ajouta-t-il, ce ne sera
« que pour y faire de la conciliation, et je crois que
« moi seul en peux faire. »

Le prince aurait pu ajouter que lui seul aussi pouvait faire de la liberté vraie, sincère et durable, à l'intérieur ; de la politique intelligente, traditionnelle, puissante et pacifique, à l'extérieur.

Nous croyons, en effet, avoir suffisamment démontré pour tout homme sérieux qui nous aura lu de sang-froid et sans passion :

1º Que le progrès matériel et le progrès moral sont inséparables èt solidaires, et que l'un est toujours la condition et la conséquence de l'autre ;

2º Que leur ensemble n'est que le développement naturel et normal de la loi de justice et d'amour apportée au monde par le Christ et de la civilisation chrétienne qui en est l'application sociale ;

3º Que la liberté et la responsabilité individuelle, nées de cette grande réforme, ne sont assurées que sous la condition du respect volontaire de la loi morale au for intérieur et des traditions politiques et sociales au for extérieur ;

4º Que la France ne peut retrouver le repos qu'en revenant à l'hérédité du pouvoir, loi fondamentale de sa constitution séculaire, et à la simple et grande représentation de ses États généraux appuyés sur des libertés locales fortement constituées ;

5º Enfin, que nous devons subir d'abord cette transformation intérieure pour reprendre notre place et notre rôle dans le monde à la tête du progrès légitime et chrétien.

Pour nous, ce programme renferme la seule réa-

lisation possible d'une union féconde de l'autorité nécessaire et de la liberté légitime, sans
exagération et sans amoindrissement de l'une ni de
l'autre. C'est certainement le terme probable de
toutes nos révolutions qu'entrevoyait, dans un avenir
prochain, le grand Berryer, quand, éclairé sans doute
par ces lueurs extra-humaines qui précèdent la
mort, il dictait, le dernier jour de sa vie, cette lettre
admirable au comte de Chambord :

« O Monseigneur,

« O mon roi, on me dit que je touche à ma dernière
« heure. Je meurs avec la douleur de n'avoir pas vu
« le triomphe de vos droits héréditaires, CONSACRANT
« L'ÉTABLISSEMENT ET LE DÉVELOPPEMENT DES LIBERTÉS
« DONT NOTRE PATRIE A BESOIN. Je porte ces vœux au
« ciel pour Votre Majesté, pour Sa Majesté la reine,
« pour notre chère France.

« Pour qu'ils soient moins indignes d'être exaucés
« par Dieu, je quitte la vie armé de tous les secours
« de notre sainte religion.

« Adieu, Sire. Que Dieu vous protége et sauve la
« France.

« Votre dévoué et fidèle sujet,

« BERRYER.

« 18 novembre 1868. »

Espérons que l'opinion publique en France comprendra bientôt la vérité de ces principes et la

10

corrélation intime qui les unit ; que chacun fera
taire les voix de la violence , de l'intrigue et des .
passions, pour écouter celle du bon sens et de la
logique ; espérons , enfin , que Dieu, dans sa misé-
ricorde, après les cruelles épreuves que traverse la
patrie , lui réserve , sur le terrain que nous indi-
quons, le calme, le repos et la paix.

APPENDICE

NOTES ET DOCUMENTS

NOTE I.

La liberté, la vraie liberté, mais c'est l'Église qui en a la conception la plus pure, et c'est à un prélat que nous en emprunterons la formule la plus complète :

« La liberté , disait en 1849 Mgr Rendu , évêque d'Annecy , « c'est l'homme tel qu'il est sorti des mains de Dieu , l'homme « avec son intelligence et sa volonté.... La puissance dont cha- « que citoyen jouit dans la société dont il fait partie , c'est ce « qu'on appelle liberté ; et comme cette puissance du citoyen se « manifeste dans des circonstances diverses , on peut , et même « on doit la désigner sous des noms divers ; mais c'est toujours « la liberté. Elle comprend :

« 1° La *liberté religieuse* , qui elle-même se compose de la « liberté de conscience, de la liberté du culte et de la liberté du « prosélytisme.

« 2° La *liberté civile*, qui contient la liberté de personne , la « liberté du domicile, celle de la propriété, et partant le consen- « tement à l'impôt.

« 3° La *liberté politique*, qui assure à tout individu son con-

« cours dans la confection des lois , dans la surveillance de la
« fortune publique.

« 4° La *liberté d'enseignement* par l'écriture ou par les livres,
« par la parole ou par l'exemple.

« 5° La *liberté administrative*, dans la famille, dans la com-
« mune, dans la province, dans l'État.

« 6° Enfin , la *liberté d'association*, qui comprend les natio-
« nalités , l'association des capitaux pour les grandes entre-
« prises, des bras pour le travail , des cœurs et des consciences
« pour la prière, pour l'exercice de la charité, et même pour le
« plaisir.

« C'est de cette dernière espèce de liberté que dépend plus
« spécialement le progrès de la civilisation. »

(*De la liberté et de l'avenir de la République française*,
1849, p. 36.)

On peut affirmer que Montesquieu, le profond
Montesquieu , n'avait point une perception aussi
claire de la liberté quand il écrivait, sur le même
sujet, les lignes suivantes :

« Il n'y a point de mot qui ait reçu plus de différentes si-
« gnifications et qui ait frappé les esprits de tant de manières
« que celui de *liberté*. Les uns l'ont pris pour la facilité de
« déposer celui à qui ils avaient donné un pouvoir tyrannique ;
« les autres, pour la faculté d'élire celui à qui ils devaient
« obéir ; d'autres , pour le droit d'être armés et de pouvoir
« exercer la violence.... ; ceux-ci ont attaché ce nom à une
« forme de gouvernement et en ont exclu les autres ; ceux qui
« avaient goûté du gouvernement républicain l'ont mis dans
« ce gouvernement ; ceux qui avaient joui du gouvernement
« monarchique l'ont placé dans la monarchie. Enfin , chacun
« a appelé *liberté* le gouvernement qui était conforme à ses
« coutumes et à ses inclinations....

« .... La liberté est le droit de faire tout ce que les lois

« permettent : et si un citoyen pouvait faire ce qu'elles dé-
« fendent, il n'aurait plus de liberté, parce que les autres auraient
« tout de même ce pouvoir. »

(Esprit des Lois, liv. XI, ch. II et XIV.)

Il aurait fallu dire, au moins, tout ce que la loi
naturelle permet, car le despotisme peut avoir été
introduit dans les lois faites par les hommes.

NOTE II.

*Lettre de M. Prescott-Ward, protestant américain, publiée
dans l'Union du 7 juillet 1867.*

Celui qui ne craint pas le recueillement, qui peut porter le
poids d'une pensée sérieuse, se replie parfois sur lui-même et
sur son temps; il en voit les infirmités et les besoins.

Dans la liberté de notre intelligence, nous comprenons que
le premier besoin du siècle qui est le nôtre, c'est d'avoir une
croyance qui l'élève et un frein qui le retienne. La foi chrétienne et la conscience chrétienne lui peuvent seules apporter
ces deux bienfaits.

C'est là notre conviction intime, et nous sommes heureux de
l'avoir. Mais, hélas! nous sentons que le christianisme n'avait
jamais passé par une crise plus périlleuse: aussi nous nous re-
procherions un silence prolongé comme un crime et une lâcheté :
væ mihi quia tacui!

La communion chrétienne est partagée en deux grands ra-
meaux : les catholiques romains ou ceux qui croient avant de
raisonner, et les dissidents ou ceux qui raisonnent avant de
croire. Nous appartenons à cette dernière branche, et nul plus
que nous n'appelle de ses vœux le jour où les Églises baptisées
réunies ne formeront qu'un seul troupeau sous un seul pasteur :
unum ovile et unus pastor.

Chrétien avant tout, toute atteinte portée au christianisme
nous blesse profondément. Aussi n'avons-nous pu voir sans

émotion les diverses violations et les amoindrissements répétés subis par le Pape comme roi temporel. Chrétien avant tout, nous ne sommes insensible à aucun des dévouements dont cette grande institution chrétienne du pouvoir temporel de l'évêque de Rome est l'objet. Nous sommes heureux de saluer la généreuse abnégation de ces nobles jeunes hommes qui se sont arrachés à leur patrie et à de belles positions pour venir mettre au service de Pie IX une épée que ; pour plusieurs, leurs pères avaient déjà portée aux croisades.

Oui, ceux qui sont tombés sur les champs de Castelfidardo sont tombés, peut-être sans le savoir, martyrs de la civilisation et du christianisme. Quand je les entends traiter, par certains écrivains, de fanatiques réactionnaires, je suis bien plutôt tenté de les regarder comme les *confesseurs du progrès*, eux qui prêchent l'exemple du sacrifice et du dévouement à une société égoïste et matérialiste.

Le pape des catholiques est pour nous l'évêque de Rome, le successeur de saint Pierre, la plus haute personnification de l'épiscopat chrétien. Son ministère doit être indépendant pour être libre, et entouré de prestige extérieur pour être respecté. — J'ai besoin qu'un évêque chrétien soit l'égal des rois ; j'ai besoin qu'un évêque chrétien soit à l'abri de l'oppression : car si tous les évêques étaient bâillonnés, je veux savoir où j'en trouverais un pour me parler hautement et librement de mon Dieu et de mon baptême ; si tous les évêques, si tous les prêtres étaient enchaînés, je veux être sûr qu'à mon lit de mort, à travers la distance, un bras sacerdotal pourra se lever librement vers le ciel et s'abaisser vers mon agonie pour la bénir et la consoler ! — Comme chrétien, je suis pour le pouvoir temporel de l'évêque de Rome ; comme philosophe, comme politique, que n'aurais-je pas à dire ? Mais la nécessité de cette institution a été victorieusement démontrée au Corps législatif français et dans la presse, par des hommes comme les Thiers, les Guizot, les Montalembert, et chacun se souvient de l'opinion d'un des plus illustres philosophes spiritualistes de notre époque, M. Victor

Cousin, relatée par Mgr Dupanloup, évêque d'Orléans, dans son admirable livre : *De la souveraineté pontificale*. Il ne me reste donc rien à ajouter. J'oserai pourtant soumettre une simple réflexion aux hommes de ce parti qui croit avoir le monopole du patriotisme ; eux qui font un si bruyant étalage de leurs opinions républicaines, ils accepteront peut-être ce conseil désintéressé du citoyen d'un grand pays qui, depuis son émancipation, doit au régime républicain sa liberté, sa gloire, sa prospérité. Le patriotisme ne consiste pas à entraver, par des manœuvres de parti pris, l'action du gouvernement de son pays, mais à éclairer et à seconder sa marche. — Ils se montreront vraiment Italiens en travaillant à réconcilier Rome et Florence sur des bases sérieuses, justes et dignes, en poussant leur pays sur la voie des économies et des réformes financières, au lieu de l'obliger à un déploiement de troupes onéreux pour les deux États. Ils veulent l'Italie grande et puissante ! Ils l'aideront à réaliser cette grande destinée, non par leurs complots et leurs déclamations, mais en se rendant dignes de l'Italie et de la liberté par leurs travaux, leur constance et leur abnégation. — Plus loin, j'ai écrit le mot d'autorité spirituelle, que plusieurs s'étonneront de trouver sous la plume d'un protestant.

Ici se place un des souvenirs les plus suaves de ma vie : il y a quatre ans, je revenais de mon pays, la libre Amérique. Je visitai Rome, j'y rêvai sur des ruines admirables, je parcourus ses plus riches musées, et enfin je demandai et obtins l'honneur d'être reçu par le Pape.

Eh bien ! en présence de ce vieil évêque qui porte sur son front la triple gloire de la royauté, de la vieillesse et du malheur, j'oubliai nos dissidences ; bien plus, j'enviai ces heureux chrétiens qui, les yeux tournés vers ce magnanime vieillard, attendent à genoux que sa bouche laisse tomber des paroles qui seront obéies comme des articles de foi. J'aurais donné tout au monde pour croire comme ils croient, pour l'aimer comme ils l'aiment, et pour le regarder comme le représentant visible de Dieu sur la terre, comme le temple où le Saint-Esprit rend toujours ses oracles. Alors, plus que jamais, j'ai éprouvé *le besoin de l'union*. C'est sous l'empire de ce souvenir sacré que j'appelle tous les chrétiens à déposer le douloureux fardeau des préjugés injustes et des haines aveugles, et à s'unir pour défendre le christianisme, s'ils veulent sauver la société.

PRESCOTT-WARD.

NOTE III.

Voici comment l'impartialité de l'historien, l'expérience de l'homme d'État et la sagesse du philosophe constatent cette influence par la plume protestante de M. Guizot :

« Les peuples chrétiens sont les seuls, dit-il, chez qui la
« licence n'a pas définitivement amené l'anarchie ou le despo-
« tisme, les seuls qui, à plusieurs reprises et par des réactions
« salutaires, aient traversé, sans y succomber moralement et
« politiquement, les excès du pouvoir et ceux de la liberté. Ni
« les États de l'antiquité païenne, ni ceux de l'Orient boudhiste
« ou musulman n'ont pu soutenir de telles épreuves ; ils ont eu
« leurs jours de santé et de gloire ; mais quand le mal de la
« licence ou de la tyrannie les a une fois atteints, ils y sont
« tombés sans retour, et la décadence, prompte ou lente, ora-
« geuse ou apathique, est devenue toute leur histoire. C'est
« l'honneur de la religion chrétienne qu'elle a de quoi relever
« les sociétés de leurs maladies comme les individus de leurs
« égarements, et que, par ses croyances et ses sentiments, elle
« a, plus d'une fois déjà, fourni tantôt aux amis de l'ordre,
« tantôt aux amis de la liberté, des asiles dans leurs revers et
« des forces pour reprendre le terrain perdu. »

M. Auguste Conti, professeur à l'université de Pise, dans son *Histoire de la philosophie*, Florence,

1868, 2ᵉ volume, explique ainsi le fait historique qui a frappé M. Guizot :

« L'histoire universelle nous montre un grand fait : que le « paganisme détruit la civilisation et que le christianisme la « restaure.... Le paganisme a été une corruption croissante de « la civilisation ; corruption parce qu'il obscurcissait la vérité, « corruption croissante parce que la nuit s'épaississait en se « prolongeant. Il y a des gens qui pensent que le paganisme « couvait les germes de la civilisation nouvelle, et que ces ger- « mes, se développant de plus en plus, sont venus spontané- « ment à maturité dans le christianisme. N'avons-nous donc « pas lu l'histoire, et ne savons-nous pas qu'elle dit précisé- « ment le contraire ? *De mal en pis*, voilà le spectacle de l'an- « tiquité païenne, et c'est aussi le spectacle de la philosophie « antique. Croyez-vous qu'on allât du bien au mieux, du moins « parfait au plus parfait ? en aucune façon ; les pires systèmes « viennent les derniers, l'athéisme après le panthéisme, les « épicuriens après les platoniciens, le scepticisme à la fin de « tous, comme la nuit définitive.

« Et ici encore l'histoire de la philosophie sert, en un point « fort curieux, de contre-épreuve à l'histoire générale. La « corruption du paganisme allait croissant, parce que la règle « du vrai et l'impulsion du bien allaient de plus en plus s'obs- « curcissant et s'affaiblissant. Cependant, comme les inclina- « tions généreuses de la nature et les restes des traditions sa- « crées vivaient encore, des réformes furent essayées de temps « à autre, soit dans la société humaine, soit dans la science ; « mais ces tentatives furent de moins en moins efficaces, celle « des pythagoriciens moins que celle du brahmisme, et moins « encore celle de Socrate, et moins encore celle de Cicéron. « Tout au contraire, il y a progrès et perfectionnement dans « le monde chrétien, parce que la règle du vrai et l'impulsion « du bien n'y font jamais défaut ; et d'autre part, comme ni « les instincts mauvais, la sensualité, l'orgueil, ni les restes des

« traditions païennes n'ont disparu, de temps en temps il se
« fait, dans la société comme dans la science, des essais de
« retour au paganisme. Mais ces tentatives, de plus en plus
« malfaisantes, il est vrai, parce qu'elles s'enfoncent de plus en
« plus dans la négation raffinée, ainsi qu'il arrive aujourd'hui
« au rationalisme, deviennent cependant l'occasion d'un bien
« plus grand, parce que le bien conquis se mesure au prix qu'a
« coûté la victoire.

« De tous ces faits, car ce sont des faits et rien autre chose,
« nous concluons l'accord de la science avec le christianisme,
« comme du christianisme avec la civilisation. Nous retrou-
« vons dans l'histoire de la philosophie l'application des lois
« de l'histoire générale, et nous nous rendons compte de cet·
« autre fait visible à tous et contre lequel il n'est pas possible
« d'argumenter, que sur notre globe les limites de la civilisation
« sont aujourd'hui les mêmes que celles du christianisme, et
« que celle-là s'arrête où celui-ci n'a pas pénétré. »

NOTE IV.

Extrait d'une lettre de Mirès à Rothschild.

La Révolution, produite par de longs abus, appelait une
réforme. Cette réforme pouvait être opérée sans guerre sociale,
pacifiquement et avec une bien autre solidité, sous une autorité
archiséculaire, reconnue, acceptée, et dont la forme s'adaptait
aux mœurs de la nation française. — On a procédé par la force
brutale, et les conséquences en sont connues.... La plus positive des conquêtes révolutionnaires, dont il sera difficile de tirer
bon parti, c'est la substitution générale du régime de la force
au régime du droit.

MIRÈS.

(*Presse* du 13 mai 1867.)

NOTE V.

Le constituant Mounier, *qui déclare avoir lui-même*

provoqué le serment du Jeu de Paume, ayant plus tard à le juger, ne le juge pas autrement que nous :

« Qu'était-ce qu'un député ? demande-t-il. L'envoyé d'une
« assemblée de bailliage. Pourquoi était-il envoyé ? Pour as-
« sister aux États généraux, en vertu des convocations du roi.
« Or, un mandataire qui, après avoir accepté un mandat, agit
« d'une manière contraire aux pouvoirs qu'il a reçus, *trahit ses*
« *engagements ;* et s'il en a juré l'observation, *il n'est point*
« *d'homme d'honneur qui ne le flétrisse comme un parjure...*
« Ce fatal serment ÉTAIT UN ATTENTAT CONTRE LES DROITS DU
« MONARQUE. Combien je me reproche aujourd'hui de l'avoir
« proposé !... »

(*Recherches sur les causes qui ont empêché les Français*
d'être libres. Mounier, t. Ier, p. 148 et 296.)

NOTE VI.

Quand des libéraux à la fois instruits et doués d'un peu de bonne foi ont à juger nos institutions du passé, voici ce qu'ils en disent :

1. — Augustin Thierry, parlant des discours de Mirabeau aux États de Provence, écrivait en 1820 :

« Il y atteste avec chaleur le nom de la nation provençale,
« les libertés de la terre de Provence, les droits des communes
« de Provence : ces formules, dont notre langue est depuis
« si longtemps déshabituée, semblent, au premier abord,
« n'être que des fictions oratoires : et tel doit être notre senti-
« ment involontaire à nous Français qui, depuis trente ans,
« ne connaissons plus de droits que les droits déclarés à Paris,
« de libertés que les libertés sanctionnées à Paris, de lois que
« les lois faites à Paris. Pourtant ce n'étaient point alors (sous
« l'ancienne monarchie) des mots vides de sens ; alors, le pa-

« triotisme français se redoublait, en effet, dans un patriotisme
« local qui avait ses souvenirs, son intérêt et sa gloire. On
« comptait réellement des nations au sein de la nation fran-
« çaise : il y avait la nation bretonne, la nation normande, la
« nation béarnaise, les nations de Bourgogne, d'Aquitaine, de
« Languedoc, de Franche-Comté, d'Alsace. Ces nations distin-
« guaient, sans la séparer, leur existence individuelle de la
« grande existence commune.... Ces droits, trente ans n'ont
« pu les prescrire ; il s'agit de les revendiquer comme un dé-
« pôt aliéné et qui ne peut être retenu sans fraude.... C'est le
« devoir des journaux libres des provinces de rappeler à leurs
« concitoyens qu'ils ont de pareilles réclamations à faire.... *en*
« *attestant ce qui fut, de temps immémorial, enraciné à la terre*
« *de France, les franchises des villes et des provinces ;* en tirant
« de la poussière les vieux titres de nos libertés locales, en
« représentant ces titres aux yeux des patriotes qui ne les
« connaissent plus.... Ne craignons point de mettre au jour
« les vieilles histoires de notre patrie : LA LIBERTÉ N'Y EST
« PAS NÉE D'HIER. Ne craignons pas de rougir en regardant
« nos pères ; leurs temps furent difficiles , mais leurs âmes
« n'étaient point lâches. N'autorisons pas les soutiens de l'op-
« pression à se vanter que quinze siècles de la France leur
« appartiennent sans réserve. HOMMES DE LA LIBERTÉ, NOUS
« AUSSI NOUS AVONS NOS AÏEUX. »

(*Courrier français* de 1820.)

II. — Et Thibeaudeau , l'historien républicain ,
s'exprime ainsi sur les droits politiques dont jouissaient nos pères du XIIIᵉ au XVIIᵉ siècle :

« Depuis le plus petit village jusqu'à la capitale, tous les ma-
« nants et habitants, de quelque état et condition qu'ils fussent,
« participaient à l'exercice des droits politiques. Ils avaient le
« droit de concourir directement à la rédaction des cahiers de

« doléances et remontrances, *c'est-à-dire d'exposer leurs vues*
« *et leurs opinions sur toutes les affaires de l'État*. Ils concou-
« raient directement ou indirectement à l'élection des représen-
« tants de la nation : *c'était le suffrage libre universel avec*
« *plusieurs degrés*. On était électeur, éligible, sans condition de
« propriété , de cens , de capacité, en payant une contribution
« quelconque comme pour être citoyen actif. Point de scrutin
« secret, toutes les élections se faisaient à haute voix. L'indem-
« nité attribuée aux députés agrandissait le cercle des candi-
« dats. En acceptant leur mission, les députés *s'obligeaient* à
« présenter les cahiers de leurs commettants. Les pouvoirs mê-
« mes ou mandats impératifs, malgré leur inconvénient, témoi-
« gnaient *de la puissance du peuple et de sa liberté*. »

(Cité par G. Véran, *Question du XIXe siècle* ,
p. 348 et 349.)

NOTE VII.

Parmi ces illusions généreuses, celle qui a saisi notre race en
1789 est à la fois la plus complète , la plus légitime et la plus
digne de la pitié de l'histoire. L'imagination peut à peine se re-
présenter aujourd'hui la douceur décevante de cette belle aurore.
Ceux que l'Évangile appelle les hommes de bonne volonté sem-
blaient pour la première fois maîtres des choses de la terre. Un
peuple doux et confiant, habitué depuis des siècles à souffrir
avec patience, et attendant enfin de ses guides naturels le redres-
sement de tous ses griefs ; une classe moyenne, riche , éclairée ,
honnête ; une noblesse qui mettait alors son orgueil à dédaigner
ses priviléges, éprise de philosophie , ardente pour le bien public ; un clergé pénétré d'idées libérales ; un roi enfin aspirant à
fonder l'ordre légal , à anéantir lui-même le pouvoir arbitraire
et à mériter le beau titre, si éphémère sur sa tête, de restaurateur
de la liberté française, quel spectacle était plus capable de ravir
la pensée ; et , si la fortune avait tenu ce qu'elle semblait alors

promettre, quelle grandeur eût approché de celle de la France !
Qu'on se figure, s'il est possible, cette vieille et puissante nation,
subitement rajeunie sous un souffle nouveau, réussissant, par le
seul effort de la raison et des vertus publiques, par le concours
volontaire de tous les gens de bien, à passer d'un despotisme séculaire à la liberté qui convient aux temps modernes, gardant
la race illustre entre toutes de ses rois, et entourant enfin d'institutions sages ce trône antique, sorte de palladium de la race
des Francs, associé dès le berceau à toutes nos vicissitudes, res-
plendissant de toutes nos gloires, à la fois l'instrument et le
symbole de notre unité nationale ! Certes, aucune nation ne serait arrivée d'un seul coup à ce comble de grandeur et de bonheur, et aucune page comparable à celle-là n'eût jamais été
écrite dans l'histoire du monde.

C'est sans doute parce qu'une telle bonne fortune eût dépassé
de trop haut le niveau ordinaire des choses humaines que la
France a été précipitée de ses illusions d'alors dans un sanglant
abîme, etc.

> (*La France nouvelle*, par Prévost-Paradol,
> p. 297, 298 et 299.)

NOTE VIII.

*Canevas du mandat à donner aux députés aux États généraux,
ou bases préliminaires des instructions pour les représentants à
l'Assemblée nationale, adoptées par la noblesse de la sénéchaussée de Guienne, en l'assemblée tenue au couvent des RR. PP.
Jacobins de Bordeaux, mardi 10 février 1789.*

Nous, membres de la noblesse de la sénéchaussée de Guienne,
convaincus par une funeste expérience des dangers du gouvernement arbitraire, avons résolu d'employer tous nos efforts
pour RÉTABLIR L'ANCIENNE CONSTITUTION FRANÇAISE, dans laquelle
le pouvoir du prince et les droits de la nation étaient balancés
par le plus juste équilibre ; où tous les citoyens étaient également

protégés par la loi ; où les trois ordres, réunis par le lien commun de l'intérêt général, conservaient entre eux une telle parité d'influence qu'aucun ne pouvait être ni oppresseur ni opprimé ; considérant que si la loyauté de nos braves ancêtres et leur généreuse confiance en les chefs de l'État ne leur ont pas permis de se prémunir contre les effets d'une politique artificieuse, qui a détruit, successivement, tous les monuments de leur sagesse ; instruits par les cruelles suites de leur imprévoyance, nous nous devons à nous-mêmes, à notre postérité d'élever, enfin, une barrière que le despotisme ne puisse jamais franchir. En conséquence, nous enjoignons à nos députés aux États généraux (et que, d'après les principes de notre constitution, nous regardons comme *nos mandataires, nos fondés de pouvoir, les organes de nos volontés* d'insister de tous leurs moyens pour que *les points suivants soient érigés en lois fondamentales,* PRÉALABLEMENT *à toute autre délibération :*

1º Assurer la liberté individuelle par l'abolition de toutes lettres closes, lettres d'exil, et autres espèces d'ordres arbitraires, etc.

2º Qu'il soit reconnu dans la forme la plus solennelle, par un acte (1) authentique et permanent, que la nation seule a droit de s'imposer, c'est-à-dire d'accorder ou de refuser les subsides ; d'en régler l'étendue, l'emploi, l'assiette, la répartition, la durée ; d'ouvrir des emprunts, etc. ; et que toute autre manière d'imposer ou d'emprunter est illégale, inconstitutionnelle et de nul effet.

3º Fixer irrévocablement le retour périodique et régulier des États généraux au terme de quatre ans, au plus tard, pour prendre en considération l'état du royaume.....

4º Statuer que non-seulement aucune loi bursale, mais encore aucune loi générale et permanente quelconque, ne soit établie, à l'avenir, qu'au sein des États généraux, et par le concours

---

(1) Cet acte ou charte pourrait être intitulé : DÉCLARATION *des droits de la nation française*. Note de l'édit. (*sic* à l'original).

mutuel de l'autorité du roi et du consentement de la nation.....

5° Arrêter que les lois (autres que les lois générales et permanentes, ou les bursales), c'est-à-dire les simples lois d'administration et de police seront, pendant l'absence des États généraux, provisoirement adressées à l'enregistrement libre et à la vérification des cours, comme il a toujours été pratiqué ; mais qu'elles n'auront de force que jusqu'à la tenue de l'assemblée nationale, où elles auront besoin de ratification pour continuer à être obligatoires.

6° La confirmation des capitulations et des traités qui unissent les provinces à la couronne, ainsi que le maintien de toutes les propriétés particulières.

7° La réintégration des priviléges des villes du royaume, principalement en ce qui concerne la libre élection des officiers municipaux, et l'entière disposition des revenus des communes, lesquels ne seront plus soumis à l'inspection des commissaires départis, ni à celle des ministres.

8° LE RÉTABLISSEMENT OU LA FORMATION DES ÉTATS PARTICULIERS, modelés sur la forme des États généraux (adoptée par la nation), avec entre autres différences, cependant, que les premiers se tiendront tous les ans.....

9° Déclarer, décidément, les ministres du roi responsables de toutes les déprédations dans les finances, ainsi que de toutes les atteintes portées par le gouvernement aux droits tant nationaux que particuliers.....

10° Établir la liberté indéfinie de la presse, par la suppression absolue de la censure, à la charge par l'imprimeur d'apposer son nom à tous les ouvrages, et de répondre personnellement, lui ou l'auteur, de tout ce que ces écrits pourraient contenir de contraire à la religion dominante, à l'ordre général, à l'honnêteté publique, à l'honneur des citoyens.

11° L'abolition de toutes commissions particulières, évocations au conseil, etc., etc.

Tels sont les points préliminaires sur lesquels nous enjoignons à nos députés de faire statuer dans l'assemblée des États PRÉALA-

BLEMENT *à toute autre délibération*, AVANT SURTOUT DE VOTER *pour l'impôt ;* déclarant que si nos représentants, sans avoir égard aux clauses expresses du présent mandat, jugeaient à propos de concourir à l'octroi des subsides, *nous les désavouons formellement, et les regardons, dès à présent, comme déchus de leurs pouvoirs, incapables de nous lier par leur consentement, et à jamais indignes de notre confiance.*

Après l'obtention de ces articles fondamentaux, il sera permis à nos représentants de délibérer sur les subsides ; et alors nous leur mandons d'exiger :

1° Le tableau exact et détaillé de la situation des finances.

2° La connaissance approfondie du montant du *déficit* et de ses véritables causes.

3° La publication annuelle des états de recette et de dépense, à laquelle sera jointe la liste des pensions avec l'énonciation des motifs qui les auront fait accorder.

4° La reddition publique des comptes, par pièces justificatives, à chaque tenue d'États.

5° La fixation motivée des dépenses des divers départements.

6° L'extinction de tous impôts distinctifs, pour leur être substitués, d'après le consentement des États, des subsides également supportés par les trois ordres et proportionnellement aux propriétés, soit mobilières, soit immobilières de chaque contribuable.

7° Le reculement des douanes jusqu'aux frontières du royaume.

8° Le refus, à l'avenir, de l'obtention et du renouvellement de tous priviléges exclusifs, destructeurs du commerce et de l'industrie.

Ces objets une fois réglés, nous chargeons nos députés de consentir à *l'octroi des* SEULS *subsides qu'on jugera* ABSOLUMENT NÉCESSAIRES *aux besoins réels, indispensables de l'État ;* entendant que, pour remplacer les impôts actuels, qui devront être abolis en totalité par les États, on préfère les *taxes peu nombreuses, d'une perception simple, facile et* TOUJOURS LIMITÉE *au terme de la convocation de l'Assemblée nationale.*

Nous enjoignons en outre à nos députés de solliciter la réforme des abus dans l'administration civile et criminelle....

Arrêté en l'assemblée de la noblesse de la sénéchaussée de Guienne, au couvent des RR. PP. Jacobins de Bordeaux, le mardi 10 février 1789.

Et ont signé MM.

(Suivent les signatures.)

NOTE IX.

Nous ne sommes pas les premiers à signaler cette conséquence forcée d'une position fausse qui fait toujours d'un souverain illégitime un souverain despotique ; qu'on en juge :

« Ce n'est pas tout de se déclarer monarque héréditaire. Ce « qui constitue tel, ce n'est pas le trône qu'on veut transmettre, « mais le trône dont on a hérité....

« Un monarque montant sur le trône que ses ancêtres ont « occupé suit une route dans laquelle il ne s'est point lancé par « sa volonté propre. Il n'a point sa réputation à faire ; il est « seul de son espèce ; on ne le compare à personne. Un usurpa-« teur est exposé à toutes les comparaisons que suggèrent les « regrets, les jalousies ou les espérances ; il est obligé de justi-« fier son élévation : il a contracté l'engagement tacite d'attacher « de grands résultats à une si grande fortune ; il doit craindre « de tromper l'attente du public qu'il a si puissamment éveillée. « L'inaction la plus raisonnable, la mieux motivée, lui devient « un danger. *Il faut donner aux Français tous les trois mois*, « disait un homme qui s'y entend bien, *quelque chose de nou-« veau.* Il a tenu parole.

« Or, c'est sans doute un avantage que d'être propre à de « grandes choses, quand le bien général l'exige ; mais c'est un « mal que d'être condamné à de grandes choses pour sa consi-« dération personnelle, *quand le bien général ne l'exige pas.*

« L'on a beaucoup déclamé contre les rois fainéants. Dieu nous
« rende leur fainéantise, plutôt que l'activité d'un usurpateur !

« Aux inconvénients de la position joignez les vices du carac-
« tère, car il y en a que l'usurpation implique, et il y en a en-
« core que l'usurpation produit.

« Que de ruses, que de violences, que de parjures elle néces-
« site ! Comme il faut invoquer des principes qu'on se prépare
« à fouler aux pieds, prendre des engagements que l'on veut
« enfreindre, se jouer de la bonne foi des uns, profiter de la
« faiblesse des autres, éveiller l'avidité là où elle sommeille, en-
« hardir l'injustice là où elle se cache, la dépravation là où elle
« est timide : mettre, en un mot, toutes les passions coupables
« comme en serre chaude, pour que la maturité soit plus rapide
« et que la moisson soit plus abondante !

« Un monarque arrive noblement au trône : un usurpateur
« s'y glisse à travers la boue et le sang ; et quand il y prend
« place, sa robe tachée porte l'empreinte de la carrière qu'il a
« parcourue.

« Croit-on que le succès viendra, de sa baguette magique, le
« purifier du passé ? Tout au contraire, il ne serait pas corrompu
« d'avance, que le succès suffirait pour le corrompre...

« .... Si nous parcourons tous les détails de l'administration
« extérieure et intérieure, partout nous verrons des diffé-
« rences, au désavantage de l'usurpation et à l'avantage de la
« monarchie.

« Un roi n'a pas besoin de commander ses armées ; d'autres
« peuvent combattre pour lui, tandis que ses vertus pacifiques
« le rendent cher et respectable à son peuple. L'usurpateur doit
« être toujours à la tête de ses prétoriens. Il en serait le mépris
« s'il n'en était l'idole....

« La gloire d'un monarque légitime s'accroît des gloires envi-
« ronnantes. Il gagne à la considération dont il entoure ses mi-
« nistres. Il n'a nulle concurrence à redouter.

« L'usurpateur, pareil naguère, ou même inférieur à ses
« instruments, est obligé de les avilir, pour qu'ils ne devien-

« nent pas rivaux. Il les froisse pour les employer. Aussi, re-
« gardez-y de près, toutes les âmes fières s'éloignent ; et quand
« les âmes fières s'éloignent , que reste-t-il ? Des hommes qui
« savent ramper, mais ne sauraient défendre ; des hommes qui
« insulteraient les premiers, après sa chute , le maître qu'ils au-
« raient flatté.

« Ceci fait que l'usurpation est plus dispendieuse que la mo-
« narchie. Il faut d'abord payer des agents pour qu'ils se lais-
« sent dégrader ; il faut ensuite payer encore ces agents dégra-
« dés pour qu'ils se rendent utiles. L'agent doit faire le service
« et de l'opinion et de l'honneur. Mais ces agents, tout corrom-
« pus et tout zélés qu'ils sont, n'ont pas l'habitude du gouver-
« nement. Ni eux, ni leur maître nouveau comme eux, ne savent
« tourner les obstacles. A chaque difficulté qu'ils rencontrent ,
« la violence leur est si commode, qu'elle leur paraît toujours
« nécessaire. Ils seraient tyrans par ignorance, s'ils ne l'étaient
« par intention. Vous voyez les mêmes institutions subsister
« dans la monarchie durant des siècles : vous ne voyez pas un
« usurpateur qui n'ait vingt fois révoqué ses propres lois et sus-
« pendu les formes qu'il venait d'instituer , comme un ouvrier
« novice et impatient brise ses outils. »

La logique et le bon sens ont bien souvent le
don de prophétie. Ne dirait-on pas cette page composée d'allusions fines et mordantes au règne de
Napoléon III ?... Elle est de Benjamin Constant.

NOTE X.

Voici les principaux passages du discours de Philippe Pot qui nous a été conservé par Masselin ,
official de Rouen, l'un des députés, dans son *Histoire
des États de Tours* :

« Si je n'étais convaincu que la plus grande partie de cette

« assemblée est animée du désir sincère de faire prévaloir et de
« maintenir la puissance et la liberté des États généraux, je ne
« prendrais point la parole : ce serait entreprendre une chose
« vaine que de vouloir changer l'opinion générale ; mais ,
« comme vous avez fait preuve, par vos précédentes résolu-
« tions, de probité et d'indépendance, je ne crois pas inutile de
« rappeler ici quelques principes touchant l'autorité et la liberté
« des États généraux : principes qui *ont été professés par les*
« *plus grands hommes et les plus sages, et que je tiens d'eux,*
« comme une *tradition sacrée.* J'espère aussi ramener à des
« dispositions plus fermes ceux des députés qui tremblent si fort
« d'élire eux-mêmes les membres du conseil et qui s'en défen-
« dent comme d'un feu dévorant ou d'un grave péril.

« Et, avant d'entrer en matière, je réfuterai d'abord l'opinion
« de ceux qui pensent que la tutelle du roi et la régence du
« royaume appartiennent de droit aux princes du sang...

« Il est donc indispensable *de décider ce point important*
« D'APRÈS LES PRINCIPES ET LES RÈGLES DE NOTRE ANTIQUE CONS-
« TITUTION. Ces règles, fidèlement observées, font régner la paix
« dans le gouvernement, dans les esprits, dans les cœurs ;
« elles préviennent toute mauvaise pensée, elles étouffent toute
« ambition.

« Que si l'on voulait que la régence appartînt aux princes
« du sang, et que la question vînt à s'élever auquel d'entre eux
« appartiendrait l'administration du royaume, qui ne voit que
« cette question serait décidée, non par les conseils et les raison-
« nements, mais par les armes ? Or, je vous le demande, qui ne
« sera pas disposé à regarder comme un téméraire usurpateur
« du pouvoir, comme un perturbateur de la paix publique et
« *un tyran digne d'être flétri par les lois, celui qui, sans prendre*
« *l'avis de la nation, s'emparerait, sous un prétexte quelconque,*
« *du gouvernement qui ne lui serait point déféré par un droit*
« *manifeste et incontestable ?*

« La chose publique, dira-t-on, restera donc sans gouverne-
« ment et livrée aux passions de tous ? En aucune façon : la

« question sera immédiatement déférée à l'examen des États
« généraux, non pour rester maîtres eux-mêmes du gouverne-
« ment, mais pour y proposer les plus dignes.

« S'il est vrai que les princes ne gouvernent point pour leur
« utilité propre, mais que leur premier devoir est une abné-
« gation complète qui tourne au profit de la chose publique,
« ceux qui agissent autrement sont assurément des tyrans et
« non des pasteurs, des loups ravissants plutôt que les conduc-
« teurs de leurs troupeaux.

« Il importe extrêmement au peuple de savoir quelle loi ou
« quel prince le gouverne....

« *N'avez-vous pas lu mille fois que la chose publique est la*
« *chose du peuple* ? Si c'est sa chose, comment peut-il la négli-
« ger ou ne pas s'enquérir de ceux qui la gouvernent ?

« Sans doute on doit être soumis à la volonté du prince qui
« gouverne l'État en vertu de son âge et DE LA LOI FONDA-
« MENTALE ; mais, dans le cas proposé, le roi ne peut, à raison
« de sa minorité, prendre le gouvernement ni en disposer.

« IL FAUT DONC QUE LE GOUVERNEMENT ET LE DROIT D'EN
« DISPOSER RETOURNENT AU PEUPLE, puisque c'est sa chose,
« non à un prince ou à une partie du peuple, mais à tous les
« Français, puisqu'en dernière analyse une longue vacance
« ou une mauvaise régence tourne au détriment de lui seul.

« Je n'entends point dire que le droit de régner ou la pro-
« priété de la suprême puissance passe à d'autres personnes
« qu'à celle du roi, mais que la régence seulement et l'admi-
« nistration du royaume ne sont point sa propriété, et qu'elles
« appartiennent temporairement au peuple ou à ceux qu'il a élus.

« Or, *par peuple, je n'entends pas seulement le menu peuple*
« ou les autres sujets de ce royaume, mais *tous les Français, de*
« *quelque rang qu'ils soient*, de telle sorte que, sous la déno-
« mination d'États généraux, je comprends les princes eux-
« mêmes et *tous ceux qui habitent le royaume*. Les princes, en
« effet, sont compris dans la noblesse, et ils en sont les mem-
« bres les plus distingués....

« .... Mais aujourd'hui que les États sont assemblés, leur
« consentement est nécessaire pour confirmer ce qui a été fait
« et pour pourvoir à l'avénir. Les actes consommés auront
« ainsi la force qui leur manque, *car rien ne peut subsister*
« *d'une manière régulière et inviolable sans la volonté des États*
« *généraux.*

« Ce n'est pas une chose nouvelle que ce congrès des États
« généraux ; ce n'est pas une chose insolite de leur voir pren-
« dre en main l'administration de la chose publique vacante, de
« la confier à des hommes sages et tirés de leur sein, ou de dési-
« gner des princes du sang royal, pourvu qu'ils possèdent les
« vertus et les qualités requises.

« Lorsque Philippe de Valois et Édouard III, roi d'Angle-
« terre, se disputaient la couronne par la voie des armes, ces
« princes, mieux avisés, convinrent, comme ils le devaient
« D'APRÈS LE DROIT DU ROYAUME, de déférer cette grande
« question au jugement des États généraux, qui prononcèrent
« en faveur de Philippe.....

« Si des monuments aussi authentiques rendent incontes-
« table l'autorité des États généraux, si des raisons aussi fortes
« l'appuient, pourquoi hésitez-vous à disposer du conseil de
« la régence, à l'organiser, à en nommer les membres, à ré-
« gler ses pouvoirs et à y mettre toute votre application et tous
« vos efforts, puisque la puissance et le bien de l'État en dé-
« pendent ? Qui tient ainsi vos têtes penchées vers la terre,
« vos volontés captives, vos langues muettes ? *N'êtes-vous pas*
« *convoqués en vertu des lois fondamentales du royaume, pour*
« *parler librement et pour manifester vos vœux sur tout ce qui a*
« *rapport au bien de l'État, sous la seule inspiration de Dieu et*
« *de vos consciences ?* Pourquoi donc négligeriez-vous de pour-
« voir vous-mêmes à une institution qui est le fondement et
« la source de toutes les autres, et sans laquelle vos conseils,
« vos résolutions et vos demandes resteraient sans effet ?

« Reprenez donc confiance en vous-mêmes, soyez soutenus
« par cette grande et ferme espérance, par cette énergie d'in-

« dépendance et par cette inébranlable vertu qui ne doivent ja-
« mais abandonner de dignes représentants de la nation, et
« qui doivent les élever au-dessus de toutes les considérations
« et de tous les périls : NE PERMETTEZ PAS QUE CETTE LIBERTÉ
« DES ÉTATS GÉNÉRAUX, DONT VOS PÈRES ONT SI PUISSAMMENT DÉFENDU
« L'INVIOLABLE DÉPÔT, périsse par votre mollesse ; ne vous
« montrez pas inférieurs à eux, et ne souffrez pas que la posté-
« rité vous accuse d'avoir mal usé, dans l'intérêt de la France,
« du pouvoir qui vous appartient, et d'avoir préféré un oppro-
« bre éternel à la gloire qui était réservée à vos travaux. »

Celui qui parlait ainsi était gentilhomme, chevalier de la Toison d'or et de Saint-Michel, chambellan,
grand sénéchal ; il avait été gouverneur du comte de
Charolais et du jeune roi Charles VIII. On voit que
non-seulement le tiers, mais la noblesse, savaient
défendre les institutions et les vieilles libertés nationales.

NOTE XI.

Voici comment M. Ed. Laboulaye, de l'Institut, a
raconté le fait à ses nombreux auditeurs du Col-
lége de France :

« La loi salique, cette loi qui interdisait aux femmes de
« succéder au trône, n'était qu'une tradition, mais ce n'en
« était pas moins une loi fondamentale, et quand on deman-
« dait à Jérôme Bignon où elle était écrite, il répondait : « ès
« cœurs des Français. » Une autre loi, moins connue, était celle
« qui déclarait qu'en cas de vacance du trône, le droit de déférer
« la succession appartenait à la nation. Sans doute il y avait
« des lois où était affirmé le caractère divin de la royauté ; mais
« *jamais la maison de France n'a prétendu qu'elle régnait* par
« droit de conquête ou *par un droit supérieur à celui de la na-*

« *tion*. Elle se considérait au contraire comme ayant été choisie
« par le peuple français ; c'était une espèce de pacte fait entre
« une famille et un peuple, qui devait durer autant que cette fa-
« mille elle-même. Mais si cette famille venait à s'éteindre, ap-
« partenait-il au dernier roi de désigner son successeur ? Nos
« rois ne l'ont point pensé. Nous avons sur ce point un docu-
« ment des plus curieux. C'est le discours que tint Louis XV au
« Parlement , à propos de la déclaration de Louis XIV que les
« princes legitimés auraient succession au trône, dans le cas où
« la maison de France viendrait à s'éteindre.

« Nous espérons, dit-il, que Dieu, qui conserve la maison de
« France depuis tant de siècles... ne lui sera pas moins favora-
« ble à l'avenir , et que la faisant durer autant que la monar-
« chie, il détournera, par ses bontés , le malheur qui avait été
« l'objet de la prévoyance du feu roi. Mais, si la nation française
« éprouvait jamais ce malheur, *ce serait à la nation même qu'il*
« *appartiendrait de le réparer par la sagesse de son choix*. Et
« puisque les lois fondamentales de notre royaume nous mettent
« dans une heureuse impuissance d'aliéner le domaine de notre
« couronne, nous nous faisons gloire de reconnaître qu'il nous
« est encore moins libre de disposer de notre couronne. Nous
« savons qu'elle n'est à nous que pour le bien de l'État , et par
« conséquent l'État seul aurait droit d'en disposer.... Nous
« croyons donc devoir à une nation si fidèlement et si inviola-
« blement attachée à la maison de ses rois la justice de ne pas
« prévenir le choix qu'elle aurait à faire.... notre intention
« étant de la conserver dans tous ses droits, en prévenant même
« ses vœux. »

(*Bulletin des cours littéraires*, 3 juin 1865.)

Mgr Latil ne le comprenait pas autrement quand
il adressait à Charles X, le jour de son sacre, les
paroles suivantes : « Sire, ce n'est point l'onction
« que nous répandons sur vous qui vous confère

« aucun droit sur la couronne ; *ce droit, vous le tenez*
« *de vos ancêtres* ET DES ASSEMBLÉES NATIONALES. »

NOTE XII.

Mgr de Ségur, qui étudie la Révolution principalement au point de vue de la religion , explique très-bien cette progression de l'esprit de
la Révolution si malheureusement substitué à
l'esprit de 89 :

« Prise dans son sens le plus général, la Révolution est la
« révolte érigée en principe et en droit. Ce n'est pas seulement
« le fait de la révolte : de tout temps il y a eu des révoltes; c'est
« le droit, c'est le principe de la révolte devenant la règle
« pratique et le fondement des sociétés, c'est la négation
« systématique de l'autorité légitime, c'est la théorie de la ré-
« volte, la consécration légale du principe même de toute ré-
« volte ; ce n'est pas non plus la révolte de l'individu contre
« son supérieur légitime, cette révolte s'appelle tout simplement
« désobéissance ; c'est la révolution de la société en tant que
« société : le caractère de la Révolution est essentiellement
« social et non pas individuel.
« Il y a trois degrés dans la Révolution :
« 1° La destruction de l'Église, comme autorité et société
« religieuse, protectrice des autres autorités ; à ce premier
« degré qui nous intéresse directement, la Révolution est la
« négation de l'Église érigée en principe et formulée en droit;
« la séparation de l'Église et de l'État dans le but de découvrir
« l'État et de lui enlever son appui fondamental.
« 2° La destruction des trônes et de l'autorité politique légi-
« time, conséquence inévitable de la destruction de l'autorité
« catholique. Cette destruction est le dernier mot du principe
« révolutionnaire de la démocratie moderne et de ce que l'on
« appelle aujourd'hui la *souveraineté du peuple.*

« 3o La destruction de la société, c'est-à-dire de l'organisa-
« tion qu'elle a reçue de Dieu : en d'autres termes, la destruc-
« tion des droits de la famille et de la propriété, au profit d'une
« abstraction que les docteurs révolutionnaires appellent l'État.
« C'est le *socialisme*, dernier mot de la Révolution parfaite;
« dernière révolte, *destruction du dernier droit*. A ce degré, la
« Révolution est, ou plutôt serait la destruction totale de l'ordre
« divin sur la terre, le règne parfait de Satan dans le monde. »

(*La Révolution*, par Mgr de Ségur, p. 10, 11 et 12.)

NOTE XIII.

On ne se fait pas une idée de l'enthousiasme qui
accueillit, en 1814, le retour des Bourbons.

« Il semblait que la France et l'ancienne royauté s'adres-
« sassent ces paroles : Nous avons cherché le bonheur les uns
« sans les autres; nous avons marché à travers le sang et les
« ruines. Réconcilions-nous et soyons heureux en nous faisant
« des concessions réciproques. »

(Thiers, *Histoire du Consulat et de l'Empire*, t. XVII,
p. 820.)

« Le retour des Bourbons produisit en France un enthou-
« siasme universel : ils furent accueillis avec une effusion de
« cœur inexprimable ; *les anciens républicains partagèrent sin-*
« *cèrement* les transports de la joie commune. Napoléon les
« avait particulièrement tant opprimés, toutes les classes de la
« société avaient tellement, souffert qu'il ne se trouvait personne
« qui ne fût réellement dans l'ivresse. »

(Carnot, cité par de Chateaubriand dans les
Mémoires d'outre-tombe, t. III.)

« La Restauration apportait pour la seconde fois à notre pays
« une chance inestimable pour concilier les principes et les

« intérêts de la Révolution avec le maintien de cette antique
« et glorieuse maison de France, qui était encore entourée d'assez
« grands souvenirs pour déjouer toute compétition , *et placée*
« *assez haut pour affronter sans peur le mouvement* des institu-
« tions libres. On eût dit qu'une dernière faveur du sort offrait à
« la France une revanche du grand échec de 1789 et la faculté
« inespérée de reprendre cet admirable ouvrage , au moment
« précis où le désordre intérieur et la guerre l'avaient malheu-
« reusement interrompu. Qui empêchait de considérer tout ce
« qui était arrivé depuis les derniers jours de la Constituante
« comme un mauvais rêve , heureusement dissipé par le retour
« de la lumière ? Qui empêchait de l'effacer des cœurs , sinon
« de l'histoire, et d'en garder seulement l'expérience, fruit pré-
« cieux et chèrement payé d'une si cruelle leçon ? Hélas ! c'est
« l'espoir même de cette réconciliation entre la monarchie et la
« Révolution française qui était un rêve , et l'on voit une fois
« de plus l'obstination des préjugés et l'amertume des ressenti-
« ments l'emporter sur les conseils de la plus simple sagesse. »

(La France nouvelle, par Prévost-Paradol,
p. 310 et 311.)

MM. Thiers , Carnot et Prévost-Paradol ne sont
certainement pas des autorités suspectes.

NOTE XIV.

A cette question que se pose Proudhon : Le principe dynastique a-t-il quelque chance de se relever ?
il répond :

« Il est certain que la France n'a pas cru jusqu'ici que liberté
« et dynastie fussent choses incompatibles. L'ancienne monar-
« chie en convoquant les États généraux engagea la Révolution ;
« la constitution de 1791, les chartes de 1814 et de 1830 té-
« moignent du désir qu'avait le pays de concilier le principe

« monarchique avec la démocratie. La popularité du premier
« Empire fournit un argument de plus à cette thèse ; la nation
« trouvait à cela toutes sortes d'avantages : on conciliait , sem-
« blait-il, la tradition avec le progrès ; on satisfaisait aux habi-
« tudes de commandements, au besoin d'unité ; on conjurait
« le péril des présidences, des dictatures, des oligarchies. Lors-
« qu'en 1830 Lafayette définissait le nouvel ordre de choses
« *une monarchie entourée d'institutions républicaines*, il concevait,
« ce que l'analyse nous a révélé, *l'identité de l'ordre politique et*
« *de l'ordre économique ;* la vraie politique consistant dans la
« balance des forces et des services , on se plaisait à voir une
« jeune dynastie tenir cette balance et en garantir la justesse.

« Sans doute l'alliance du principe dynastique avec la liberté
« et l'égalité n'a pas produit en France le fruit qu'on en attendait;
« mais ce fut la faute du fatalisme gouvernemental, *l'erreur fut*
« *ici* commune aux princes et à la nation. Bien plus, quoique les
« partis dynastiques se soient montrés, depuis 1848 , peu favo-
« rables à la Révolution , la force des choses les y ramène ; et
« comme la France, dans toutes ses fortunes, a toujours aimé à
« se donner un premier, à marquer son unité par un symbole,
« il y aurait peut-être exagération à nier la possibilité d'une
« restauration dynastique. Que de républicains nous avons en-
« tendus dire: Celui-là sera mon prince qui arborera la pourpre de
« l'égalité ! et ce ne sont ni les moins purs ni les moins intelli-
« gents. » Et Proudhon continue ainsi : « Toutefois , il faut
« convenir que les symptômes n'indiquent pas une restauration
« prochaine. Et ce qui donne lieu de croire que le principe dy-
« nastique est au moins ajourné, si même il n'a fait son temps,
« c'est que les prétendants et leurs conseils n'ont pas cœur à la
« chose. Après vous, messieurs, semblent-ils dire aux démocra-
« tes. *Or, après la démocratie , il ne restera guère à glaner*
« *aux dynastiques.* »

(*De la justice dans la Révolution et dans l'Église,*
p. 512 et 513.)

NOTE XV.

Relevé chronologique des États généraux depuis 1302 sous
Philippe le Bel jusqu'à 1626 sous Louis XIII.

Philippe le Bel . . . . .
- 1302
- 1308
- 1313
- 1314

Louis le Hutin . . . . .
- 1315
- 1316-1317
- 1317

Philippe le Long . . . . . | 1321

Philippe de Valois . . . .
- 1328
- 1328
- 1329
- 1332
- 1336
- 1339
- 1345
- 1346

Jean le Bon . . . . . .
- 1350
- 1355
- 1356
- 1357
- 1359

Charles V . . . .
- 1367
- 1369
- 1370

Charles VI . . . .
- 1380
- 1381
- 1385
- 1410
- 1413
- 1420

Charles VII.	1425 1428 1433 1439 1440
Louis XI.	1464 1466 1468
Charles VIII.	1483
Louis XII.	1505 1506 1507
François Ier.	1526
Henri II.	1558
Charles IX.	1560 1561
Henri III.	1576
Henri IV.	1588 1593 1596
Louis XIII.	1614 1626

Il n'y eut pas d'autre réunion des États généraux jusqu'en 1789.

TABLE

LIVRES D'ACTUALITÉ ET DE PROPAGANDE

PARIS
Chez V. Palmé
25, rue de Grenelle-St-Germain.

VERSAILLES
Chez Bernard
rue de Satory.

Saint Michel et Lucifer , ouvrage posthume de l'abbé Bliard. — Bordeaux, Féret et fils. — Prix : 1 fr. 50, et par la poste 1 fr. 65.

Situation morale et politique de la France, par Ch. de Nogeret, un volume in-8°. — Bordeaux, Féret et fils. — Prix 1 fr. 50.

Le Roi. Dix lettres à M. Thiers, par E. Benezet. — Toulouse, chez Delboy : par la poste 1 fr.

Monarchie et République, petit in-8°. — Prix : 15 cent. ; les 13/12, 1 fr. 50 ; le cent, 10 fr. par la poste.

Henri V et la Monarchie traditionnelle, brochure in-18 de 120 pages. — Prix 30 cent., par poste 40 cent. ; les 13-12 3 fr., et par poste 4 fr.

Henri V jugé par lui-même, brochure populaire de 36 pages. — Prix 10 cent., par poste 15 cent., la douzaine 1 fr., par poste 1 fr. 50, le cent 7 fr. 50, par poste 10 fr.

Lettre de Henri V a un Membre de l'Assemblée nationale (8 mai 1871), le cent 1 fr., par poste 1 fr. 50, le mille 8 fr. 50, par poste 12 fr.

Hier, Aujourd'hui, Demain, par M. Henri de l'Épinois, brochure in-8 raisin de 84 pages. — Prix par poste 1 fr. 50.

Le Lendemain de la Victoire, Vision prophétique, par Louis Veuillot , un beau volume in-18 Jésus. — Prix par poste 2 fr.

Dieu et les malheurs de la France, par le P. Caussette, in-8 de 200 pages. — Prix par poste 2 fr.

Le grand Pape et le grand Roi, *dernier mot des Prophéties.* — 1 vol. de 180 pages. — Prix 75 cent., par poste 90 cent.

CONCILIATION, monarchie municipale et représentative, par Henri Lafosse, un volume grand in-8°. — Prix : 1 fr. 5o.

H. OUDIN ÉDITEUR, A POITIERS

VIVE LE ROI, par Mgr de Ségur, 25 cent.

GUERRE DE 1870. Metz, par le baron Thomas, commandant au 2e dragons, 3 fr.

CAUSERIES POPULAIRES D'ÉCONOMIE PUBLIQUE ET DE MORALE, par l'auteur de LA LÉGITIMITÉ, par la poste 6o cent.

www.ingramcontent.com/pod-product-compliance
Lightning Source LLC
Chambersburg PA
CBHW060555210326
41519CB00014B/3479